匠心
成就卓越的力量

王辉·著

新世界出版社
NEW WORLD PRESS

图书在版编目（CIP）数据

匠心：成就卓越的力量 / 王辉著 . —北京：新世界出版社，2017.5
ISBN 978-7-5104-6240-5

Ⅰ.①匠… Ⅱ.①王… Ⅲ.①职业道德—中国 Ⅳ.①B822.9

中国版本图书馆CIP数据核字（2017）第074010号

匠心：成就卓越的力量

作　　者：	王　辉
责任编辑：	董晶晶
责任印制：	李一鸣　王宝根
出版发行：	新世界出版社
社　　址：	北京西城区百万庄大街24号（100037）
发行部：	（010）6899 5968　　（010）6899 8705（传真）
总编室：	（010）6899 5424　　（010）6832 6679（传真）

http://www.nwp.cn
http://www.nwp.com.cn

版权部：+8610 6899 6306
版权部电子信箱：nwpcd@sina.com

印　　刷：	北京天正元印务有限公司
经　　销：	新华书店
开　　本：	710mm×1000mm　1/16
字　　数：	200千字　　印张：14.5
版　　次：	2017年5月第1版　2017年5月第1次印刷
书　　号：	ISBN 978-7-5104-6240-5
定　　价：	36.80元

版权所有，侵权必究

凡购本社图书，如有缺页、倒页、脱页等印装错误，可随时退换。

客服电话：（010）6899 8638

前 言
PREFACE

匠心,是一种态度、一种信仰、一种追求、一份挚爱;

匠心,是一份专注、一份坚持、一份严谨、一份执着;

匠心,更是一种选择、一种积累、一种诚信、一种修行。

匠心,是一个国家和民族发展的基石。

将毕生的精力献给一门手艺,世界上有多少这种人?需要一种什么样的精神支撑?一旦选定事业,你必须全身心地投入其中,必须穷尽一生磨炼技能,以最大限度地趋向于完美。这就是获取成就的秘诀,也是令人敬重佩服的关键。

匠心是谦恭。谦以待人,虚以接物。只有保持一颗谦虚的心,才能有足够的胸怀去发现世界、理解生活。

匠心是恒心。不管是学习技术,还是研发产品,都有可能出现问题,遭受失败的打击。只有还像开始那样坚持,才能成为行家里手。

匠心是细心。细微之处彰显品质。对于技术和产品,精益求精的态度必不可少。人们缺少的往往不是技术,而是做到极致的细心和耐心。

匠心是修行。以修行的心态代替浮躁功利的工作观，用一生做好一件事，那是一种伟大的纯粹信念。它能让你的生命沉淀下来，让你拒绝诱惑，让你专注、聚焦，让你把简单的动作做到极致。

匠心是执着。勇于追求、不断创新才能进步。在某个领域做到执着、坚持不懈，才能进一步谈创新，才有可能实现真正意义上的创新。一小步、一小步地前进，积累的步伐将达到你实现跨越的要求。

在著名跑鞋品牌 New Balance 的宣传片《致匠心》中，一段简单、直白的旁白，不知道打动了多少人的心。在这个宣传片中，著名音乐匠人李宗盛从自身经历出发，平缓地讲述自己的人生哲学。

致匠心

人生很多事急不得，你得等它自己熟。我 20 岁出头入行，30 年写了不到 300 首歌，当然算是量少的。我想，一个人有多少天分，跟他出什么样的作品，并无太大关联。天分我还是有的，我有能耐住性子的天分。

人不能孤独地活着。之所以有作品，是为了沟通，透过作品去告诉人家心里的想法、眼中看世界的样子、所在意的、所珍惜的。所以，作品就是自己。所有精工制作的对象，最珍贵、不能替代的就只有一个字："人"。人有情怀，有信念，有态度，所以，没有理所当然，就是要在各种变量可能之中，仍然做到最好。

世界再嘈杂，匠人的内心绝对必须是安静安定的，面对大自然赠予的素材，我得先成就它，它才有可能成就我。我知道，手艺人往往意味着固执、缓慢、少量、劳作，但是这些背后所隐含的是专注、技艺、对完美的追求。所以，我们宁愿这样，也必须这样，也一直这样。为什么？我们要保留我们最珍贵的、最引以为傲的民族传统文化技艺。一辈子,总是还得让一些善意执念推着往前,我们因此愿意去听从内心的安排。

专注做点东西,至少对得起光阴岁月。其他的,就留给时间去说吧。

在社会的每个领域,都有匠人存在。他们循序渐进,日复一日地精雕细琢;他们有共同的特点,无论外界如何嘈杂,他们都内心宁静地专注于自己的作品,做到极致。他们看似随意潇洒地挥洒,往往便成就了千古绝唱。但背后的汗水又有多少人能看到呢?

行业虽然千差万别,但每个人都应该努力成为自己行业中优秀的匠人。中国呼唤优秀匠人,中国呼唤工匠精神!

第一章　浮躁的年代更需要匠心

匠心,是一场修炼 …………………………………… 2
做自己的心灵导师 …………………………………… 6
用定力抵制诱惑 ……………………………………… 9
站在离梦想最近的地方 ……………………………… 12
匠心是创新的基础 …………………………………… 16
做个有才华而又务实的人 …………………………… 19
在平凡中拒绝平庸 …………………………………… 22
做自己喜欢做的事 …………………………………… 25

第二章 匠人,有一种坚持的倔强

做个凸透镜:把能量聚集到一点 …… 30
成功源于坚持 …… 35
用1万个小时铸就匠心 …… 40
唯有专注,方能独步 …… 44
一生只专心做好一件事 …… 50
庸人自扰,匠心至坚 …… 54
心无旁骛,惟精惟一 …… 58
专于其中,方成极致 …… 63
专注才能专业,专业方成匠人 …… 69

第三章 匠心是从完美到极致的追求

勇于与自己较劲 …… 74
"德国制造"的荣耀 …… 78
匠人基因中的完美精神 …… 82
像乔布斯那样把产品做到极致 …… 85
完美就是做好每个细节 …… 91
匠人,只为打造更美的产品而生 …… 95
在实践中不断学习、提高 …… 98
产品,让细节尽在掌握中 …… 102

第四章 用汗水与双手去创造未来

你比昨天多流了几滴汗水？ …………………………… 106
甩掉你身体里的惰性 …………………………………… 111
梅兰芳是怎么"炼成"的 ………………………………… 115
脚踏实地是工匠的品质 ………………………………… 120
匠人最珍贵的是行动 …………………………………… 124
敬业尽责，累积生命的厚度 …………………………… 128
真本领来自于勤奋 ……………………………………… 131

第五章 最缺乏的其实是态度

梦想是种神奇的力量 …………………………………… 136
一流目标造就一流的人生 ……………………………… 139
马云的创业态度 ………………………………………… 142
热情是铸就匠心的催化剂 ……………………………… 146
100个人中有98个人不满意他们的世界 ……………… 150
这个世界不会亏待任何人 ……………………………… 154
匠人往往是从"偷艺"开始的 …………………………… 156

第六章 严谨，让自己行有所止

致敬德国工匠精神 ……………………………………… 160

每件奢侈品背后都凝聚着匠人的心血 ·········· 163

工业时代的精髓 ·········· 165

丰田的精益生产方式 ·········· 168

你的认真终会被看见 ·········· 172

匠心，就是一项技艺坚守一生 ·········· 176

第七章　心存敬畏，方能雕刻人生

一切问题的根源都在于"心" ·········· 180

慢慢来，你才能走出去 ·········· 184

打造自己独一无二的个人品牌 ·········· 188

敬业就是尊重你自己 ·········· 192

对你的工作心存敬畏 ·········· 196

唤醒心中的那份执念 ·········· 200

第八章　匠人笃行，匠心筑梦

当今时代更需要匠心 ·········· 204

德国的未来匠人培养计划 ·········· 207

匠人掌握"核心科技" ·········· 211

比成功更重要的是使命感 ·········· 214

展望工业4.0时代的工匠精神 ·········· 217

匠人是这个时代的脊梁 ·········· 220

第一章
浮躁的年代更需要匠心

在当今社会上，浮躁与本真的流失似乎已成主流，过度的发展导致商品极度过剩，而且是低附加值的过剩。人们不需要商品了吗？并非如此。海外代购、"海淘"的热潮说明了问题：人们更信任外来品。这是信任的危机。是到了转型的时候了，度过这场危机的关键在于全民意识的觉醒、全社会价值观的转变。这和我们每个人息息相关，让我们沉下心来、各司其职、专注而宁静地打造出能打动人心的作品，我们这个时代需要匠心的觉醒。

匠心，是一场修炼

工作，对于每个人来说都不陌生，成年人大都有一份工作，用来保证生存、生活和实现自我价值的精神需求，只是每种工作所要完成的任务、时间和方式不一样罢了。在我们的一生中，工作占据了大部分时间，而世上少有"钱多、事少、离家近"的工作，人们需要脚踏实地，靠自己的努力去工作，去拼搏。

一个人在工作时，如果能以精进不息的精神、火一般的热情，充分发挥自己的特长，即使是做着最平凡的工作，也能成为最精巧的工匠；如果以冷淡、敷衍的态度去工作，即使在很有前途的行业，也只不过是个平庸的员工。

那么，如何做才能让自己成为精巧的匠人呢？

首先，要有一技在身。俗话说："家有良田万顷，不如一技傍身。"这里的"技"不单是指掌握了一门技术、一项技能、一套手艺，更重要的是能做到在自己的领域不可超越，在自己的岗位上无可替代，这样才算是具备了"匠人"的称谓。当然，在此基础上，还要不断学习，不断提高，不断创新，与时俱进。

其次，要有一颗匠心。匠人需要以技养身，更需要以心养技。在和众多匠人的接触中，我发现匠人最主要的特点是内心的宁静，这份宁静来源于对工作的热爱和专注。

热爱自己的工作才能竭其心智、穷其劳力，热爱自己的工作才能不计得失、心甘情愿。不要这山望着那山高，既然选择了就要热爱，既然无法改变就要努力适应。慢慢地，你会由适应到热爱，并凭借这种热爱来激发出你的活力和创造力。

专注是一种态度、一种习惯、一种能力，也是一种境界。专注于工作，就能忽略外界的纷扰，把全部精力和智慧都用到要做的事情上；专注于工作，就能淡泊名利，不与他人争，只与自己比，一丝不苟地把工作做好；专注于工作，就能形成专心做事的宁静、平和的心态，找到价值感和存在感。

有事做的人是幸福的，内心宁静的人也是幸福的。努力做个好匠人，这是一条通往事业成功的路，也是一条通往内心宁静的路。这条路，我们每个人都应该努力走好。

匠心，应成为每个工作者心中的标尺。这个"心"近乎道，一个人要称得上"匠人"，需要在生活中不断地磨练，始终不忘初心。

为了让煮出来的米饭更好吃，美的电饭煲研发团队一年要煮掉数吨的大米，每天光测试对比，每个研发者就得吃掉10小碗饭。美的生活电器研发中心应用技术部负责人李家勋回忆："美的电饭煲的研发工程师，很多人每天都吃四五顿饭。"

最近，很多媒体都在寻找"中国工匠"。一丝不苟、精益求精、追求极致的态度，对职业敬畏、对工作执着、对产品负责的精神，正是这些

"大国工匠"共同的特征。

不过，在一些人眼中，工匠精神却是因循守旧的代名词。在他们看来，互联网时代，速度第一，坚守匠心近乎矫情。这样的论点，只着眼于短期利益，并没有看到匠心与创新其实是息息相关的。

有学者曾以金字塔比喻创新体系："只有根基扎实，创新才不会成为空中楼阁。"大量看似重复的劳动或许不免枯燥，却绝非没有意义，而是在探索着各种可能。创新可能只是钻研时头脑中的灵光一闪，但也许就能带来意想不到的惊喜。

汽车发展到今天，每种车型多达上百张的电气原理图，汽车设计师要做到了然于胸，凭着"每个灯泡都能找到对应电路"的了解，改进工装设备，优化作业流程，取得一系列创新成果。不放过对每个细节的把握，才能在汽车制造技术方面实现新的突破与超越。

"人在制物的过程中，总是要把自己想办法融到里头去。"纪录片《我在故宫修文物》中，青铜器修复专家屈峰如是说。的确，一旦注入了自己的心意和精神，作品也就有了独一无二的个性。有人曾问专注做寿司75年的小野二郎，如何练就独一无二的"神技"，他自谦"无非是比别人多一倍的努力、多三倍的思考罢了"。把匠心投入到点滴精进之中，那些充满灵性的作品，怎会不散发出耀眼的创新光芒？

事实上，匠心本就包含着创新的时代要求。在全球范围内，第四次工业革命早已蓄势待发，德国有"工业4.0"项目，美国有"先进制造业国家战略计划"……在这样的时代，工匠精神绝不止于一砖一瓦的手艺，匠心更不意味着效率低下的作坊式劳作，而是指以创新为导向，以技术为生命，以质量为追求的现代化工业新版本。

"技可进乎道，艺可通乎神。"追求极致的工艺和追求突破的创新，往往可以相得益彰。离开了对一种技艺的不断磨练、对一个行业的执着坚守、对一个领域的扎实钻研，很多发明、创造也就无从谈起。摒弃投机取巧、急功近利，拥抱脚踏实地、专注持久，从本质上看，就是对创新最好的"加持"。

孔子说："君子不器。"的确，要有匠心，而不能有匠气。既着力革新创造，又不忘钻研磨练最基本的技艺功夫，才能让创新进入一个新的境界。

做自己的心灵导师

人生的目的是什么？这是个深奥的哲学问题。人类降生到这个世界上，并非出于自身意志，懵懂之时，便已然存活于世。因而，我们不可能决定好这一生该如何度过，然后再开始人生的旅途，而是在诞生之后，才逐渐成长，明白事理，逐步成熟。

步入社会之后，许多人都以出人头地为其人生目的；也有相当一部分人的观念是，加强修炼，使灵魂变得高尚，对社会有所贡献。后者说，人生的唯一目的就是修炼完美的灵魂。在人的一生中，这个"工作"持续始终，而在其中必须坚持不懈做好的就是——精进。

何为精进？就是对所从事工作的全力以赴。不仅如此，还要达到"不输给任何人"的程度。纵观古今中外所有伟人的人生轨迹，我们会发现，唯有全力以赴，才能使自己的心性获得提升，人格得以升华。

人必须磨练心志；为了磨练心志，必须拼命工作。你或许会不平地想，为什么自己就该忍受苦劳、拼命工作？其实，这种苦劳是上苍为了磨练你的心志，磨练你的灵魂，特地给予你的礼物。

要提升自己，只要默默扮演好自己在日常生活中的角色，做好自己应做的事情，并持续不懈怠就够了。无论是公司的工作、家中的劳务，还是学校的课业，做起来都是一种培养人格的修行。

也就是说，每天的劳动正是磨练心志、提升心性的一种方式。那些把自己的一生托付在某种职业或某个领域，以长期的耕耘一点一滴去累积实力、磨练技术与自我的人，是最了不起的人。

例如，专门雕刻寺庙栋梁的师傅，他们的卓越技艺令人钦佩，他们从工作中体会到的人生哲学、培养出来的有深度的人格，以及高人一等的洞察力等，都是人生的智慧。他们奉献一生，从年轻小伙子直到七八十岁的老人，始终坚守岗位不存二心，这种长期的自我修炼，会让人格散发魅力，形成大家风范，不必多言就能令人折服。

不惜努力，不管多辛苦都要拼命撑下去，在这样的精进过程中所磨练出来的高尚心性与人格，会让人折服不已。因此，不懈地工作是一种值得尊崇的行为，它包含了"从日常劳动中开悟"的道理。

美国棒球联盟的铃木一郎，就是在精进的过程中磨练出了名将级的矫健身手。据说他高中时代就梦想有朝一日要登上大联盟，并为此开始了365天全年无休的挥棒练习。在一般人玩心正重的年纪，他就已经明确了自己的目标，一点一滴默默努力。他在高中时曾说过这么一句话："如果你要我打全垒，我想我随时都可以。"他敢这么说是因为他一路走来付出了足够的努力。

没有人不脚踏实地去干，就会拥有一身好本领。我们必须从心里喜欢自己的工作，全心全意投入。应该说，只要这样做，我们就能明白并坚守生存的意义与价值，磨练心志，升华人格。

把工作单纯视为获取生活所需的一种手段，是错误的，这样你永远也不能成为真正意义上的匠人。劳动是人类借以提升心性的途径。苹果公司的创始人乔布斯曾说过，中国的劳动力无论在质还是量上，其优秀程度都不亚于任何国家的劳动力。不仅如此，中国的劳动者觉得相较于玩乐，在工作时更能感受到幸福。换句话说，乔布斯认为他们看到了"劳动的尊严"。所以，他把大批订单交给中国生产。他认为，中国人对工作的追求，符合他对完美主义的要求。春秋时期，鲁班发明了木工工具、攻城器械、农业机具、仿生机械等，被视为工匠的典范与祖师；东汉张衡发明地动仪；三国时诸葛亮发明木牛流马；北宋沈括撰写《梦溪笔谈》；明朝宋应星撰写《天工开物》……中国自古以来就有"技近乎道"的文化源流。我们民族有5000年灿烂的文明，我们继承和发扬这种民族精神，将其融入我们的工作，就能塑造趋于完美的自我。

用定力抵制诱惑

在我们的内心深处,往往有一种心理使我们茫然不安、无法宁静,这种心理就叫浮躁。心浮气躁,是成功最大的敌人,也是这个时代的通病。

浮躁会使人心神不定,行动盲目,做事没有耐性,缺乏恒心和毅力。现实生活中,不少人往往急于求成,好大喜功,幻想着"天上掉馅饼",自己缺乏脚踏实地的精神,心里却一直想着靠侥幸获得成功……这种心理会严重妨碍我们的发展,是万万要不得的。我们需要的是专注而不是浮躁,做事情时要把自己的心沉下去。

诸葛亮在《诫子书》中提到"静以修身,俭以养德",意在告诉下一代要做品德高尚、德才兼备的人,要依靠内心安静和集中精力来修身养性,依靠俭朴的作风来培养品行。其中最重要的一点就是告诫人们不可浮躁。拒绝浮躁,做事不贪大,做人不计小;脚踏实地,不好高骛远。

20 世纪 80 年代,阿里巴巴的创始人马云还只是一名大学教师。当时正值我国改革开放初期,经济发展还比较落后,一个教师一个月的工资只有 89 块钱,但马云勤恳工作,干得很认真。后来,一个巨大的诱惑摆在了他的面前，深圳一家单位邀请他加盟，对他说："马云，你只要往这边来，我给你月薪1200元！"这么大的诱惑摆在面前，该何去何从？他把自己的想法告诉了他大学期间的恩师，他对老师说："我不想一辈子都待在学校，我立志要创业，所以现在想离开学校，先去加盟一家公司。"他的老师听后，没有多说什么，只是要求马云务必在学校待上5年以后，再出去创业。起初，马云并不明白老师让自己这么做的真实意图，但出于尊重，他答应了，咬咬牙坚持了下来。

又过了两年，海南一家公司又给他打电话："马云，你只要往这边来，我给你月薪3600元！"他思忖再三，还是决定坚守承诺。就这样，他在学校里教了5年书。终于，5年时间到了，蛰伏了5年，他找好了创业方向，离开了学校，带着沉稳、踏实的心态，开始了自己的创业历程，最后取得了令人瞩目的成功。

马云当年失去了很多次眼前的利益，却得到了终生受用的心态：不浮躁，沉下心去做事情。回想起这段经历，马云说他很感谢他的老师，他学会了把点点滴滴做好，把自己沉下去，一步一个脚印地创造出自己的神话。他的成功印证了这个道理：想要当将军，必先当好小兵；想要一飞冲天，必先沉得下去。

伴随着社会结构和利益的大调整，每个人都面临着重新定位的问题。那么如何才能避免心神不宁、焦躁不安呢？

首先，我们必须在专注中不断充实自己，提高自身素质，才能跟上时代发展的步伐，扎扎实实地走好每一步。据统计，世界500强企业的平均寿命是40~50岁，美国每年新产生50万家企业，10年后仅剩4%，而中国大企业的平均寿命是7~8岁，中小民营企业的平均寿命是2.9岁。这是一个很严酷的现实。任何一家企业都希望做大、做强，而沉下心来，研究市场，研究产品，坚持创新，拒绝浮躁的心态，是企业成功的关键。

其次，谦虚做人，理智做事。社会在不断地发展进步，我们的综合素质也要与时俱进，在工作和生活中不断学习，不断完善自己，铺好基石，用扎实的基础构筑辉煌的空间，营造美好的未来。世上无难事，只怕有心人。我们要学会踏实做事，学会不浮躁，让自己的身心始终处于一种宁静祥和的状态。

第三，知己知彼，求真务实。务实是开拓的基础。没有务实精神，开拓也只能是花拳绣腿。遇事要善于思考，考虑问题应从现实出发，不能跟着感觉走。

最后，看淡得失，迎接挑战。千里之行，始于足下，扎扎实实地走，就有希望到达终点。就像酿酒，沉下心来，火候到了，才能酿出又香又醇的美酒；若是早了，哪怕只是那么一小会儿，也会造成巨大的损失。心不静，处处乱动，会招来打击和痛苦。有些时候，我们需要在心中洒点水，以浇灭急于求成的欲望……只要我们能够不浮躁，沉下心来做事情，就能做得更好。

我们在一生中随时会碰到困难和挫折，甚至还会遭遇致命的打击。在这种时候，坚强的、不浮躁的强大内心，是攻破难关的杀手锏。面对得失，要淡然视之，因为世事无常，失去的不见得永远不会再回来，得到的也不一定永远是自己的。

不浮躁是人生中必不可少的力量，只有不浮躁的人，才能经得起岁月的洗礼。人们应该认识到，每个人的成功，都付出了别人难以想象的努力，因此不要期待"天上掉馅饼"的事会在自己身上发生。不浮躁，保持从容自在的常态，脚踏实地，才能活出个性、活出真实。有时候，阻碍我们获得幸福的并非是生活中的困难，而是我们内心的不安。如果我们的内心能够更坚强、更淡定，远离浮躁，做事沉得下去，我们就会发现，原来人生的旅程是如此的轻松自在。

站在离梦想最近的地方

在工作、生活中，要耐得住寂寞，就必须能放得下功利心，戒掉浮躁，杜绝投机。浮躁的心态是当下社会的通病，而且这种病还在滋生和蔓延，在年轻人身上表现得尤为明显。许多年轻人由于刚进入社会，适应能力差，且不善于调节，而理想与现实往往又相去甚远，于是浮躁的心态愈加严重，一些人做什么事都希望"多、快、省"，总想着把工作任务早日向老板或上级交差了事。

这些人喜欢吹牛，好大喜功，不愿脚踏实地、求真务实地做好自己手头的工作。他们往往眼高手低，从不愿吃亏，有点成绩就力求获取回报。这样的人无法走得长远。一定要放下浮躁的心态，养成踏实、严谨的工作作风。

要耐得住工作时的寂寞，必须能放得下功利心。在喧嚣浮躁的社会环境下，在急功近利、急于求成的氛围中，在短期利益与长远目标相互冲突时，许多人会因为眼前的利益或诱惑而动心或迷失。而那些真正执着于内心的追求、执着于自己的事业的人，哪怕坐了一辈子的冷板凳，一辈子默默无闻，也心甘情愿，无怨无悔。这才是伟大的人，是真正具有匠心的人。

有一位画家为了保护敦煌艺术而放弃了国外优越的生活，甚至放弃了自己钟爱的绘画事业，在敦煌整整待了30年。这30年里，他在茫茫的戈壁上留下了略显孤寂的身影，他就是常书鸿。

在几十年的艰苦磨难中，他经历了妻离子散、家破人亡的种种不幸和打击，克服了难以想象的困难，仍然义无反顾地投身于敦煌艺术的保护工作中。

他甘于寂寞，不为名不为利，只为了能为保护敦煌的文物出一份力。他组织大家修复壁画，搜集整理流散文物，撰写了一批有较高学术价值的论文，临摹了大量的壁画精品，并多次组织举办大型展览，出版画册，向社会、向更多的人介绍敦煌艺术，为保护和研究敦煌艺术做出了卓越的贡献。

"板凳要坐十年冷"，这不仅需要耐力和韧劲，更需要胆气和魄力，如若不然，何言耐得住寂寞？只有本着甘愿坐十年冷板凳的心，才能耐得住工作时的寂寞，做出一定的成就。

有一个普通的女孩，她从小就梦想着能站在舞台上唱歌。然而，这个女孩既没有特别漂亮的外貌，也没有天生的好嗓子。但是这并不妨碍她追求自己的梦想。上学期间，她一边努力学习，一边练声，为以后能走上舞台做准备。

在为梦想做准备时，她豪情万丈，踌躇满志。但是有一天，她受到了打击。在一个著名音乐人那里，一盆冷水向她泼了过来，那名著名的音乐人告诉她："你的嗓音和你的相貌同样不漂亮，我并不看好你在歌坛的发展。"听了这话以后，女孩并没有选择离开，而是默默地留了下来。当时，在她所在的音乐公司里，不乏年轻漂亮、天生丽质的帅哥美女，她在他们中间，就像是一个被人完全遗忘的丑小鸭，连家人、朋友也都好心地劝她放弃，不要一条道走到黑，说不定选择别的行业，她能更快地成功。面对真心为她考虑的朋友和家人，她轻轻地说："虽然我没有唱歌的天分，但我只喜欢唱歌，我是不会轻易放弃的。"在亲朋好友的牵挂和祝福中，她又回到了音乐公司。虽然梦想那么远，成功那么遥不可及，但她心中很清楚，自己要做的只能是在心中为梦想寂寞地守候，并把握好现在。于是，她依然像以前那样辛苦地工作着，端茶、倒水、制作演出时间表、替歌手拿演出服装等。别人问她这么做是为什么，她郑重地说："不为什么，我只知道这里是离我的梦想最近的地方。"终于有一天，她微笑着站在了自己的舞台上，用并不惊艳但十分温暖的嗓音感动了在场的所有观众。很快，她就在歌坛占据了一席之地。

这个女孩就是著名歌手刘若英。

许多成功者在成名前，都有过一段低沉苦闷的日子，他们曾经和我们一样，在这段日子里，为了生存而挣扎，为了自己的处境变好而寂寞地等待着。没有人保证他们将来一定会成功，而他们依然选择了耐得住寂寞地等待。如果当时他们不甘于寂寞而撂挑子走人，他们还会有以后的成功吗？老子云："澹兮其若海。"说的就是一个人要有淡泊、淡定之心，要耐得住寂寞，得意时淡然，失意时坦然，不去计较名与利的一时得失，不会因得意而踌躇满志、喜形于色，亦不会因一时的失意而垂头丧气、怨天尤人。只有耐得住寂寞，才能静心定气，安心淡然。这是做好一切工作的前提，心"静"不下来，就难"安"下来，就会这山望着那山高。

耐得住寂寞，不是消极等待，也不是心灰意冷，而是用淡然的心态看待一切，力所能及地努力做好一切，既有孔明"淡泊以明志，宁静以致远"的悠然，也有朱熹"品节详明德性坚定，事理通达心气和平"的随和。

人生难免遭受坎坷，遇到挫折，这时，最应该有的心态是不沉沦，不怨天尤人，从失败中汲取教训，在逆境中奋起。是金子总会发光，有业绩自有回报。

我们每一个人，都应该在工作中反躬自省，问一问自己："我在这份工作中能耐得住寂寞吗？能耐多久呢？"有的人能够做出惊天动地的伟业，有的人却成了寂寞的俘虏。一个胸无大志、目光短浅的人，是断然耐不住寂寞的。如果你想出人头地，必须先要耐得住工作和生活中的寂寞，因为成功的辉煌就隐藏在这难耐的寂寞背后。

匠心是创新的基础

中国的改革发展离不开创新，也离不开国际合作，那么，中国为什么会选择瑞士作为自己的首个创新战略伙伴关系国呢？瑞士是个小国家，在市场空间、资源规模、经济总量等方面，和中国有很大的差别，但是瑞士的经济技术实力却以"小而强"而著称。

说到瑞士，人们首先会想到两样东西：一是钟表，二是金融。这两样东西正好可以诠释瑞士这个国家繁荣昌盛的深层次原因。

钟表制造虽然是传统行业，但是瑞士人凭借着对品质的执着追求和精湛的专业技术，将其升华成了享誉全球的高端制造业，这正是我们现在大力倡导的工匠精神的力量。在将传统的工匠精神发挥到极致的同时，瑞士也并不是一个固守传统的国家，它在不断地创新。瑞士的"全球创新指数"连续多年稳居榜首，人均拥有专利数量位居世界第二，仅次于日本。金融业是瑞士的另一张名片，瑞士在银行体系建设和金融资产管理方面的创新和创举，为世界经济的健康发展提供了借鉴，瑞士自身也在不断的创新中度过了一次次金融危机。

既有工匠精神，又有创新精神，这大概就是我们选择瑞士作为首个创新战略伙伴关系国的原因。

中国自改革开放以来，经历了三十多年的快速发展，经济总量和规模迅速提升到了一定的高度。但是随着我国进入经济发展的新常态，下一步该怎么办，成为国家和所有行业都要共同面对的一个问题。一方面，我们要继续保持中高速增长，这就需要创新来提供全新的动力；另一方面，我们迫切需要对过去的发展过程中取得的成果进行进一步的积淀、夯实和提升，这就需要工匠精神来实现。创新精神和工匠精神，两者是相辅相成、缺一不可的。

匠人专注于自己手头繁复、单调的工作，这和创新似乎有着不小的距离。其实，创新就寓于这烦琐单调的工作之中，重复是创新的土壤，工匠精神的核心就是在重复中进行创新。

意大利著名画家达·芬奇就是在一次次重复画鸡蛋的过程中走向成功的。中国有"庖丁解牛"的典故，这个故事告诉我们，创新只是"唯手熟尔"的结果。如果没有工匠精神，想在创新之路上走得很远，那无异于痴人说梦。

近年来，我国汽车工业的发展取得了很好的成绩，汽车产业链已经初步健全，汽车工业的前延后伸领域也已经逐渐形成。但是较之国外，我们在品质打造和产品创新方面还有很多不足。这个时候我们就需要向瑞士这样的国家学习，学习他们在品质和创新方面取得的成绩。

其实，中国在制造领域自古就有很好的工匠传统，也有很好的创新传统。那些巧夺天工的建筑、令人叹为观止的器物，都是工匠精神和创新精神的体现。我们该如何将两者融合在现代的汽车工业制造中呢？我们应用工匠精神提升汽车制造的品质和水平，用创新精神引导汽车行业拓展更广阔的生存空间。

我国自古以来就有"匠心独运"的说法。"匠"是基础，是技艺，体现的是基本功和专业程度；"心"是提升，是态度，体现的是灵感创意和特色创新。二者合起来才能打造出"匠心独运"的产品。只有将创新理念与工匠精神很好地融合起来，才能领略到"匠心"之妙。

《人物》杂志资深撰稿人亚克力·福奇说："美国的工匠们是一群不拘一格，依靠纯粹的意志和拼搏的劲头，做出了改变世界的发明创新的人。"接着，他举出例子，这样的人有本杰明·富兰克林、伊莱·惠特尼、塞勒斯·麦考密克、萨缪尔·摩尔斯、查尔斯·古德伊尔、托马斯·爱迪生和莱特兄弟等。从福奇的这段话和他列的名单可以看出，"发明创新"是工匠精神的核心。

眼下，"创客"一词突然火了。有人以为所谓"创客"，身上都散发着创新、出奇制胜的浓浓的超传统的气味儿。其实，"创客"是英文"maker"的翻译，而"maker"正是"制造、制作"的意思。"创客"实际上就是现代工匠。

目前，我国有将近20家初具规模的创客空间，北京有"创客空间"，上海有"新车间"，深圳有"柴火空间"。"创客"们大多拥有正当职业，创造东西是业余爱好。他们的房间通常堆满了工具、零件及杂物，很容易让人联想起苹果公司创始人乔布斯刚创业时那间杂乱的车库。

在这个日新月异、快速奔跑的互联网时代，我们并不缺少创新，但缺少经得起时间考验的创新。创新变得相对容易，同时又变得非常困难。原因其实很简单，大多数创新的产品只是先天不足的脱离于广泛实践基础的"早产儿"。这正是现代的创新缺乏匠心的基础而造成的。

我国目前正在大力提倡大众创业、万众创新，但是创业还需基础，只有以匠人的精神做好最基础的事，才能开拓持久的创新。

做个有才华而又务实的人

生活中不乏一些有才华的人,但他们往往也有致命的缺点,其中一条就是眼高手低,只想做大事,不屑于做小事,容易自以为是、居功自傲,缺少谦和的态度。

奋斗的目标,并非是越高越好,而是要从实际出发,结合自身实际合理制订计划。

王洁鸣从小就希望将来成为一位教师,因为她觉得教师这个职业很伟大、很崇高,受人尊敬。高考填报志愿时,她毫不犹豫地填报了师范大学。大学毕业后,王洁鸣顺利地进入了一所中学教书,每天听着学生们喊"老师好",王洁鸣很自豪,虽然工资不算高,但她工作起来干劲十足。

然而,两年后的一次同学聚会,让她的内心开始掀起波澜。当她以为自己目前的生活很快乐,也很完美时,同学聚会让她改变了这种认识。在那次聚会上,同学们穿的服饰动辄就是上千元,用的手机都是时下流行的最新款,出门也是以车代步。王洁鸣相形见绌,自尊心受到了严重的伤害,那天之后,她决定辞去教师的工作,找一份挣钱更多的工作。

她想到了做生意，因为做生意来钱最快。于是她从亲朋好友那里借了一笔钱，雄心勃勃地做起了生意。刚开始，王洁鸣以为凭着自己的资历与学识，做生意并不难。哪知由于缺乏实践经验，事先又未做好市场调查，她初入商海就亏得一塌糊涂，把之前攒的钱都花光了，还欠了许多债。

在家待了一个月后，她觉得或许自己可以当"白领"，工资又高工作又体面。在朋友的帮劝下，她顺利地进入了一家外企做市场工作。可这份工作远没有想象中的那么简单，强撑了3个月，由于应付不了商场的勾心斗角，她在无奈之下辞职了。

王洁鸣在家认真反思，觉得自己真的不适合做这些事。经历众多的事情后，她才醒悟，是好高骛远害了自己。她认为自己可以有更好的作为，殊不知其实是内心太过浮躁了，还是做教书匠最适合自己。

王洁鸣又回到原来的教育单位。这一次她汲取了以前的经验教训，没有好高骛远，而是脚踏实地地干好每一件事。功夫不负有心人，3年后，王洁鸣被提升为年级主任，她找回了丢失已久的喜悦和成就感。

在这个崇尚物质的时代，有多少人能安安心心地坚守在最适合自己的位置上呢？越来越多的人心存幻想，一味地羡慕甚至嫉妒别人，最终被无情的现实摔得惨痛。

社会需要各行各业的人才，有的人可以成为从事专门研究的高级人才，有些人更适合做技术型人才。不是所有的人都能当元帅，如果正在从事的职业是最适合自己的，那就应当踏实地干下去。

如今的一些大学毕业生最容易犯眼高手低的错误，他们对自己的能力评价过高，对薪资待遇的要求也不切实际，一心想去待遇好、条件好的大型企业，可是由于缺乏实际经验而得不到企业的录用，对一般的工作岗位则挑三拣四，缺乏务实的精神。

有一个博士生,在毕业后的两年里,一连换了几家单位,每次都时间不长就被公司辞退。这位博士刚一毕业,就非常顺利地找到了工作。招聘单位一听说他有博士头衔,都争相聘请他。于是,他选择了其中一家待遇不错的单位。但刚到单位的第一天,他就颇为不满,因为领导只是让一位同事帮他安排了住宿,他有种受冷落的感觉,觉得自己是一个博士生,理应受到相当的尊重。

由于具有这种不满的情绪,他根本就没有把全部的精力投入到工作中。3个月后,因为没有创造出他本该创造的价值,领导对他的能力产生了怀疑。不仅如此,过于骄傲的他常常流露出高傲的神情,因此大家都疏远他,不愿和他一起做事。后来他被分派到分公司任副总,由于管理不善,没有完成公司下达的任务,最终被公司辞退。之后他又去过几家单位,每次都因为无法创造出价值而被辞退。

有调查显示,70%的用人单位认为当今大学毕业生的就业思想不够端正,择业过于挑剔,期望值过高。杭州娃哈哈集团有限公司的人事负责人认为,企业最怕眼高手低、太过浮躁的大学生。这些同学在工作初期应该给自己一个恰当的定位,并且具有务实的工作态度和一定的实践经验。只有这样,才能经受住现实挑战和考验,从基层干起,走好人生的每一步。

在平凡中拒绝平庸

无论在工作中，还是在生活中，我们都应该认认真真做事，踏踏实实做人。只有尽了自己的责任，回首之时，才能无愧于心。我们可以做一个平凡的人，但绝对不能做一个平庸的人。平凡和平庸的区别就在于：平凡的人把平凡的工作做得伟大，平庸的人使崇高的工作变得卑下。

社会永远需要踏实肯干的人，那些夸夸其谈者虽然可以暂时为自己赢得生存空间，但是从长远来看，实干的人才是历史的推动者。

创维集团人力资源部总监曾经说："年轻人只有沉得下去，才能成就大事。无论你多么优秀，到了一个新的领域或新的企业，刚出校门就只想做管理，可是你对新的企业了解多少？对基层的员工了解多少？没有哪个企业敢把重要的位置让没有任何经验的人来掌控，那样做无论对企业还是对他本人，都是很危险的事情。"

荀子说过："不积跬步无以至千里，不积小流无以成江海。"这是非常简单的道理，但又有多少人能一丝不苟地认真领会并付诸实施呢？

现在很多求职的朋友讲起道理来头头是道，但一干起具体的工作就手忙脚乱，一塌糊涂。有些人自认为出身高等学府，恃才傲物，看不起小单位、小公司，不肯降尊屈就，即便在这些地方工作了也自认为高人一等，满眼轻蔑，殊不知这是在浪费你自己的人生。

年轻人志向远大，心中拥有宏伟蓝图是值得赞赏的，但是眼高手低、急功近利，只会事倍功半，或者半途而废。古人云："一屋不扫何以扫天下？"现在很多人就是犯了这样一个错误，心高气盛，这山望着那山高，不屑于做抄抄写写的琐事，不爱干扫地抹灰的苦事，频繁跳槽，给用人单位留下的印象就是大事做不了、小事又不愿做的庸才。

"千里之行，始于足下。"伟大的事业都是由无数个微不足道的小事情积累而成的，成就大事的第一步就是完成小事。每天都要抓住学习的机会，这会令我们在公司和团体中进步更快，在与自己能力和经验相称的工作岗位上更好地证明自己。这样，倘若有晋升的机会，上司也会第一个想到你。因为绝大多数上司都喜欢勤勤恳恳、全神贯注、充满热情的员工，这样的员工对企业、对社会更有价值。

英国哲学家约翰·密尔说过："生活中有一条颠扑不破的真理，不管是最伟大的道德家，还是最普通的老百姓，都要遵循这一准则，无论世事如何变化，也要坚持这一信念。它就是，在充分考虑到自己的能力和外部条件的前提下，进行各种尝试，找到最适合自己做的工作，然后集中精力、全力以赴地做下去。"补鞋匠的身份低微，即便如此，也有人把它当作艺术来做，全身心地投入进去，不管是打一个补丁还是换一个鞋底，他们都会一针一线地精心缝补；另外一些人则截然相反，随便打一个补丁，根本不管它的外观，他们认为自己只是在谋生，没有热情来关心工作的质量。前一种人热爱这项工作，不是只想着从修鞋中赚多少钱，而是希望自己的手艺更精，成为当地最好、最受人欢迎的补鞋匠，这就是工匠精神。

成功人士无不具备这样的实干精神——从不起眼的小事做起，从最苦最累的基层干起。做大事的人往往并不是一走上社会就马上取得辉煌的业绩，很多大企业家是从小伙计做起，很多将军是从士兵做起。刚走上社会，如果我们没有资源、没有背景、没有经验，那就先从小事做起，力求把小事做精。国内的一些风云企业家，如华为老总任正非、新希望集团老总刘永好等，都是先从小事做起，不断发展自己的企业，最后成为自己所在领域的领军人物。这些人都是大人物，离我们很远，那我们就来看看身边的普通人物：

有一位室内设计专业毕业的学生。刚毕业的时候，他不像其他同学那样专门挑选大公司，而是在他家乡的一家很一般的公司当一个小小的业务员。他兢兢业业，把工作当作学习、积累经验的机会。由于他踏实工作，业绩很好，他的上司很欣赏他。两年后，他的上司就出资让他独立开公司，现在他已经迈进当地成功创业者的行列了，很令人羡慕。如果他当初眼高手低，凭资历、凭能力进不去大公司，又瞧不起小公司，就那么高不成低不就地挂着，那么还会有今天的成功吗？

还有一个例子。有个人以前是给人家烧砖窑的，现在已经是资产千万的小房地产商了。原来，他一开始烧砖，后来转为泥浆工，再后来就成了包工头，接着就转向房地产开发了。

这两个都是很普通的例子，但是却蕴含着很深刻的道理。绝大多数的成功人士，都是从小事情做起，一步步走下来的。

这个世界是现实的，只有行动才能改变自己的窘迫状态。初涉人生而野心勃勃、想成就一番事业的朋友，不要不屑于从小处做起。没有行动作为发端，一切都只停留在理论上和言论上，到头来只能是一事无成。

做自己喜欢做的事

什么样的人才能称为匠人？那些能够在某一领域有突出建树并不为名利所累的人就是匠人。当然，我们不能要求每个人都成为匠人，但是要记住自己的兴趣往往比名利更重要，人不能只顾追名逐利而放弃自己的所爱。

美国著名投资大师巴菲特曾经说过："我对钱不感兴趣，我只是对赚钱感兴趣。"这也是巴菲特在古稀之年还在工作的原因，他享受的不是财富，而是财富增长的过程。一个人要想生存，就必须创造一定的物质条件，但是如果过分痴迷于名利，那么往往适得其反。仔细想一下，我们不难发现与"利"字挂钩的几乎没有什么好词，例如"利欲熏心"，又例如"利令智昏"，《孙子兵法》中也有"利而诱之"的说法。

著名美籍华裔科学家、诺贝尔物理学奖获得者丁肇中就坚持自己的兴趣，并在这一过程中收获了成功和名誉。当媒体问到他成功的秘诀时，他回答了一句话："做自己喜欢做的事！"

由于战乱的影响，丁肇中的小学课程基本都是父母在家教授的。后来，丁肇中跟随父母到了中国台湾。那时他在学校的成绩常常排在倒数，庆幸的是父母并没有苛求他的排名。中学时期的丁肇中对数理化产生了浓厚的兴趣，中学毕业之后进入美国密歇根大学学习。当时他读的是机械工程这个热门专业，老师发现他不会计算机，也不会画画，但是数学和物理成绩非常好，便建议他转读物理专业，他后来才成为世界著名的物理学家。

关于大学求学生涯，丁肇中曾经回忆说："密歇根大学的经历对我的一生有着重要的影响。我在中学时期并不知道学哪个学科好，学校给了我很多帮助。从大学转专业开始，我就决定一生与物理相伴。我学物理的理由非常单纯，就是为了兴趣，不为名不为利，做实验才是我这辈子最重要的事情。"最终，在这个学科，丁肇中获得了最高的荣誉。

从20世纪90年代中期开始，丁肇中就率领庞大的科学家团队开始做阿尔法磁谱仪实验，拉开了人类在太空探索宇宙的序幕。在选拔团队成员时，丁肇中强调兴趣和专业是最重要的标准，因为实验是非常困难的，所有的人都没有做过这些实验，并且很多人认为这几乎是不可能完成的任务，因此参加实验的人必须有着浓厚的兴趣和专业的精神，放下手里的一切，专心参与实验。

作为学者，在某一领域有所建树，最大的推动力就是兴趣，例如丁肇中对空间物理有兴趣，爱因斯坦对相对论有兴趣，陈景润对哥德巴赫猜想有兴趣。可以说，是兴趣引领着这些人攻克了一个又一个难关，解开了一个又一个未解之谜。

对于普通人来说，工作中难以取得如此重大的成就，但是假如能将工作与兴趣结合起来，就会轻松很多。美国有几位心理学家做过这样一个实验，他们对哈佛大学MBA毕业班做了一项调查，问题是毕业之后根据什么来选择工作。其中有70%的人会根据所学专业来选择职业，30%的人则表示会根据自己的兴趣来选择职业。5年之后，心理学家对这个班的人进行跟踪调查，发现这些人中最成功、最出色的都是当初说要根据兴趣去选择职业的人。由此我们可以看到兴趣对一个人的重要意义。

兴趣能够指引你找到心中所爱，找到一生的奋斗方向。而名利，则可能成为你走入歧途的元凶。

兴趣最大的作用是引导人们不断地进行探索，小时候对新鲜事物的好奇，长大之后就可能成为陪伴我们一生的兴趣。古今中外成大器者都是兴趣最好的信徒，例如美国盲聋女作家海伦·凯勒凭借对语言的热情，在黑暗和无声中学会了多国语言。兴趣是不断探索的动力，它的力量是持久而强大的。只要我们发自内心地喜欢一份职业，那么就能创造出属于自己的辉煌。

有人可能会说："我对什么都不感兴趣，怎么办呢？"其实，兴趣并不都是与生俱来的，它同样可以通过后天的培养来获得。当一个人在某个领域获得成功的体验之后，相应地兴趣也会增强。因此完全不必把大量的时间浪费在抱怨怀才不遇、学非所用上，试着在工作领域培养自己的兴趣吧。

人们在职场上总会面临各种选择，在权衡的过程中也伴随着各种心理冲突，例如薪水和兴趣、升职和兴趣、职业和兴趣之间的取舍。在一些情况下，人们迫于现实的压力，不得不选择对自己很重要，但并不是很喜欢的职业。如果能把眼光放得长远一些，尊重自己内心的真正爱好，就会选择自己想去从事的工作。兴趣或许不能马上给你带来回报，可是如果能一直坚持自己的所爱，那么兴趣所带来的回报将无法用名利来衡量，它带来的将是整个灵魂的满足。

当然，兴趣和成功之间并不是单纯的等号关系，从事有兴趣的事情也不一定会取得成功，这就需要我们不断学习专业知识来缩短兴趣和成功之间的距离。成功的路有千万条，能够在兴趣的引领下走向成功，可谓是人生最大的快事。

此外，这里说的兴趣并不仅仅是一种印象性的好感，而是你走下去的动力。一旦你对某事产生了兴趣，就要去体验和尝试，例如你喜欢当作家就去尝试写作，你喜欢做律师就要去钻研法律，你喜欢当歌手就要去学习唱歌。总之，兴趣不是自己臆想的事物，而是鲜活的事实。

美国著名的职业指导专家霍兰德曾经说过："职业爱好作为一种生活方式的选择，很好地反映了个体自我观念和主要的性格特征。"他认为并非一定要选择与自己的兴趣完全契合的职业，但是兴趣应该永远作为职业选择中最重要的一个因素。

对于还没有进行职业选择的人来说需要一个过程，不要认为几天就能找到自己的兴趣所在，要给自己一段时间进行体验，再明确自己是否真的喜欢。一旦认定了你想做的，那么就坚持下去，兴趣带来的力量要远远大于名利，它将会引领你付出无数个小时的艰辛劳动，走向胜利的顶峰。

第二章

匠人，有一种坚持的倔强

匠心是一种坚持的倔强，是一种持之以恒的耐受力。这种恒心比激情更重要，如果激情仅仅适用于百米冲刺，那么它就更加适合旷日持久的马拉松，而且很有可能是尚不知目的地的马拉松。我们能做的只有奔跑、奔跑，继续奔跑下去。

做个凸透镜：把能量聚集到一点

要想成为匠人，就要做一个"凸透镜"，将阳光聚集到一点，在这一点上做精做专；切不可做一个"凹透镜"，使自己的目标过于分散。

大家都知道这样一个常识：用凸透镜将阳光聚集到一点可以将纸张点燃；但是，如果用平面镜或者凹透镜，却无论如何也不能将哪怕是最易燃的东西点燃。

同样的光通过凹透镜无所作为，通过凸透镜却能点燃熊熊大火，为什么？秘密只在散与聚之间。平面镜和凹透镜只是将光线透过去，甚至是发散开来；而凸透镜却是将阳光聚集到一点，这样就能将易燃物点燃。其实，凸透镜聚焦这一特性早已被各行各业所熟知并广泛应用。

只有将能量聚积到一起，才能够产生巨大的力量。一位将军曾经说过："我们发现，在很多重要的战役中，成败的关键在于，一方是全身心地投入，而另一方却不够专心致志。"科尔先生以自己的亲身经历验证了这句话的正确性。

科尔非常喜欢小鸟，在他眼里，小鸟就是自己最亲密的朋友。几年前，科尔搬进了一处新居，附近草木葱茏，有很多可爱的鸟儿。科尔搬来以后，就和鸟儿交上了朋友。他还在后院装了个喂鸟器，用来喂养自己心爱的鸟儿们。

不过让科尔生气的是，有一群松鼠总是来和鸟儿争食。这些讨厌的松鼠弄倒喂鸟器，吃掉里面的食物，把小鸟吓得四散而去，这使得科尔很是郁闷。科尔绞尽脑汁想出各种办法让松鼠远离喂鸟器，就差没有拿起猎枪射击它们了。实在没有办法了，科尔来到附近的一家五金店。在那儿，他找到了一种与众不同的喂鸟器，带有铁丝网，这种喂鸟器还有个让人动心的名字，叫"防松鼠喂鸟器"。科尔很高兴，这下子问题就解决了。他买下它并安装在后院。但天黑以前，松鼠们又大摇大摆地光顾了"防松鼠喂鸟器"，照样把鸟儿吓跑了。

这回科尔更生气了，他拆下喂鸟器，回到五金店，一进门就要求退货。五金店的经理回答道："别着急，我会给你退货的，不过你要理解，这个世上可没有什么真正的防松鼠喂鸟器。"科尔惊奇地问："你想告诉我——我们可以把人送到太空基地，可以在几秒钟之内把信息传到全球任何一个地方，但我们最尖端的科学家和工程师却不能设计和制造出一个真正有效的喂鸟器，可以把那种脑子只有豌豆大的啮齿类小动物阻挡在外？你是想告诉我这个吗？"

"是啊，"经理说，"先生，要解释清楚，我得问你两个问题。首先，你平均每天花多少时间，让松鼠远离你的喂鸟器？"

科尔想了一下，回答说："我不清楚，大概每天10～15分钟吧。""和我猜的差不多。"那位经理说，"现在，请回答我第二个问题：你猜那些松鼠每天花多少时间来试图闯入你的喂鸟器呢？"科尔马上会意："在松鼠醒着的每时每刻。"

原来，松鼠在不睡觉的时候，70%的时间都用于寻找食物。在专注的松鼠面前，人类智慧的大脑、优势的体格也只好节节败退！

要做到更好，并不一定需要多么高明的手段，需要的只是为了目标心无旁骛，投入所有的时间，发挥所有的才干。如果你比对手更专注，你就能将他们抛在身后。

对自己擅长的事情锲而不舍、全身心地投入进去，像凸透镜一样，将所有的能量集中到一点，是一件非常重要的事。

为什么要将力量聚集到一点呢？做好一件事，比做好多件事更加容易，也更可能成功。人的精力毕竟是有限的，如果将自己的精力分散开来，就会使成功的概率大大降低。

日本有一家只有7个生产工人的企业，其唯一的产品是在某些人眼里不值一提的哨子。可你千万别小看这小玩意儿，它们一年创造的利润竟然是7000万元。

究其原因，就是这家企业能够将自己的能量聚集在一点——只生产哨子。为了能够生产出更好的哨子，他们集中了300多名专家专门研究哨子，他们想要把自己的哨子做得最好，做得最为完美。他们生产的哨子最贵的能够卖到2万美元一个。专心生产小小的哨子，心无旁骛，使他们的哨子获得了很高的声誉。在世界杯足球赛上，所有裁判用的哨子都是他们生产的。更令人称奇的是，他们的哨子种类达上千种，甚至有专门给美国警察生产的哨子。可以说，哨子这种产品让他们给做绝了，也自然给他们带来了巨大的收益。

将全部能量聚集到一个地方，能够产生出巨大的能量，能够获得巨大的成功。因此，一个注意力十分专一的普通人比一个精力分散的聪明人更容易成功。有时候，一个人自诩拥有多种技能，但由于只是蜻蜓点水、钻研不透，反而不如只拥有一项专长的人受青睐。如果你专注于某件事情，尽力把它做到无可挑剔，那你比技能虽多但无一项专长的人更容易获得成功。

专注做事，没有什么是干不成的。每次只专注于一个目标，直至把它做成功，就会有很多甚至是意想不到的收获。

中国的许多画家都具备专一的特点：齐白石专注于画虾，画出的虾栩栩如生；黄胄专注于画驴，画出的驴活灵活现；徐悲鸿专注于画马，画出的马呼之欲出；李苦禅专注于画鹰，画出的鹰形神兼备。由此可以看出，所有成大事的人物，都专注于某个明确的目标，并把这个目标当成他们努力奋斗的主要推动力。

麦当劳的创始人雷·克罗克可谓餐饮行业的一个精明而又专注的匠人，他把全部精力都投入到改善汉堡的口感中，由此成了世界餐饮巨头。他最欣赏的格言是："走你的路，世界上什么也代替不了坚忍不拔：才干代替不了，那些虽有才干却一事无成者，我们见得多了；天资代替不了，天生聪颖而一无所获者几乎成了笑谈；教育也代替不了，受过教育的流浪汉在这个世界上比比皆是。唯有坚忍不拔，坚定信心，才能无往而不胜。"

麦当劳不管在哪个国家开分店都是顾客满门，但大家是否知道，麦当劳之所以有今天的成绩，其原因在于：它能够坚持将自己的能量聚积到一点，终于在快餐这块领域里燃起了熊熊大火。

麦当劳在创业之初，只不过是一个不起眼的小店而已，它能够有今天的规模，其创始人克罗克功不可没。他以非凡的管理才能把麦当劳兄弟经营的小餐馆变成了世界快餐的第一品牌，自己也因之成为美国最有影响的企业家之一。

其实，当年从麦当劳兄弟手里买下特许经营权的除了克罗克之外，还有一个荷兰人。但两人走的是完全不同的经营之路，也就有了不同的结局。在外人看来，克罗克有点死脑筋，他只开麦当劳店，加工牛肉、养牛的钱都任由别人赚去了。而那个荷兰人则显得比较聪明，他不仅开麦当劳店，而且连所有的赚钱机会都不放过。他看到加工牛肉有很大的利润，便投资开办了牛肉加工厂，使加工牛肉的钱也流入了自己的腰包。加工牛肉需要购买肉牛，他想：自己干吗买别人的牛，让别人赚走养牛的钱呢？于是又办了一个养牛场。

最后，克罗克把麦当劳开遍全世界，而那个荷兰人呢，人们找啊找，终于在荷兰一个规模不大的农场里找到了他，他别的什么也没有，就养了200来头牛。

一个当初什么钱都想赚的人，最后什么都没赚着；而那个当初看起来比较傻的人，却成就了世界快餐第一品牌。这就是将他的能量聚集到一点所产生出的巨大力量。

<<< 第二章 匠人，有一种坚持的倔强

成功源于坚持

所谓人生，就是"一瞬间、一瞬间的持续积累"。每一秒钟的积累成为一天，每一天的积累逐步成为一周、一月、一年乃至人的一生。"伟大的事业"乃是"朴实、枯燥工作"的积累。那些让人们惊奇的伟业，那些瞬间绽放的人生，实际上，几乎都是极为普通的人兢兢业业、一步一个脚印，持续努力才达到的。在你选定的行业坚持10年、20年甚至更久的时间，你一定会成为人生的大赢家。目标不是轻易能够达到的，成功来自于对目标的长期坚持。

20世纪70年代是世界重量级拳击史上英雄辈出的年代。拳王阿里已有4年未登拳台，此时体重已超过正常体重200多磅，速度和耐力也已大不如前，医生给他的运动生涯判了"死刑"。然而，阿里坚信"精神才是拳击手比赛的支柱"，他凭着顽强的意志重返拳坛。

1975年9月30日，33岁的阿里与另一拳坛猛将弗雷泽进行第三次较量（前两次阿里一胜一负）。这一次在进行到第十四个回合时，阿里已经到了精疲力竭、濒临崩溃的边缘，这个时候哪怕是一片羽毛落在他身上也能让他轰然倒地，他再无丝毫力气迎战第十五个回合了。然而他拼着性命坚持着，不肯放弃。他心里清楚，对方和自己一样，也是有气无力了。比到这个地步，与其说是在比气力，不如说是在比意志力，就看谁能比对方多坚持一会儿了。他知道，此时如果在精神上压倒对方，就有胜出的可能，于是他竭力保持着坚毅的表情和誓不低头的气势，双目如电。他的表现令弗雷泽不寒而栗，以为阿里仍保存着旺盛的体力。这时，阿里的教练邓迪也敏锐地发现弗雷泽已有放弃的意思，他将此信息传达给阿里，并鼓励阿里再坚持一下。阿里精神一振，更加顽强地坚持着。果然，弗雷泽表示愿"俯首称臣"，甘拜下风。

裁判当即高举起阿里的手臂，宣布阿里获胜。这时，重新获得"拳王"称号的阿里还未走到台中央便眼前漆黑，双腿无力地跪在了地板上。弗雷泽见此情景，如遭雷击，他追悔莫及，并为此抱憾终生。

美国石油大亨约翰·洛克菲勒是标准石油公司的创始人，也是世界上第一位亿万富翁。16岁时，他为了得到一份"对得起所受教育"的工作，翻开克利夫兰全城的工商企业名录，仔细寻找知名度高的公司。每天早上8点，他离开住处，身穿黑色衣裤和高高的硬领西服，戴上黑领带，去各个公司面试。他不怕一次又一次地被拒之门外，日复一日地前往——每星期6人，一连坚持了6个星期。在走遍了全城所有大公司都被拒之门外的情况下，他并没有像很多人想的那样选择放弃，而是"敲开一个月前访问过的第一家公司"，从头再来。有些公司洛克菲勒甚至去了两三次，但对方仍不想雇佣他。可是洛克菲勒越是受到挫折，他的决心反而越坚定。1855年9月26日上午，洛克菲勒走进一家从事农产品运输代理的公司。老板仔细看了看他写的字，说："留下来试试吧。"老板让洛克菲勒脱下外衣马上开始工作，工资的事则提也没提。过了3个月洛克菲勒才收到了第一笔补发的微薄的报酬。这就是洛克菲勒的第一份工作，是他自己都记不清被拒绝多少次后得到的工作。他一生都把9月26日当作"就业日"来庆祝，那热情胜过他过自己的生日。

相比洛克菲勒遇到的挫折，我们也许要幸运得多。我想很少有人在找工作时，在推销自己的想法或产品时，会遇到几百次乃至上千次的拒绝。拒绝本身并不可怕，可怕的是遇到几次拒绝就畏缩不前，就怀疑自己——这样的人是永远不会成功的。

希望成功的人必须有永不言败的决心，并找到战胜失败、继续前进的法宝。不然，失败必然导致失望，而失望就会使人一蹶不振。

艾柯卡曾任职于世界汽车行业的"领头羊"福特公司。由于其卓越的经营才能，艾柯卡在公司的地位节节高升，直至成为福特公司的总裁。然而，就在艾柯卡的事业如日中天的时候，福特公司的老板——福特二世却出人意料地解除了艾柯卡的职务。原因很简单，艾柯卡在福特公司的声望和地位已经超越了福特二世，他担心自己的公司有朝一日会改姓"艾柯卡"。

此时的艾柯卡可谓是步入了人生的低谷，他坐在不足10平方米的小办公室里沉思良久，终于毅然决然地下了决心：离开福特公司。在离开福特公司之后，有很多家世界著名企业的老板都曾拜访过他，希望他重新出山，但艾柯卡都婉言谢绝了，因为他心中有了一个目标，那就是"从哪里跌倒，就要从哪里爬起来"。

他最终选择了英国第三大汽车公司——克莱斯勒公司，这不仅是因为克莱斯勒公司的老板曾经"三顾茅庐"，更重要的原因是此时的克莱斯勒公司已是千疮百孔，濒临倒闭。他要向福特二世和所有人证明：我艾柯卡不是一个失败者！

入主克莱斯勒公司之后，艾柯卡对企业进行了大刀阔斧的整顿和改革，终于带领克莱斯勒公司走出了濒于破产的境地。如今，艾柯卡拯救克莱斯勒公司已经成为一个著名的商业案例，被人们广为传颂。

如果你的内心认为自己失败了，那你就永远地失败了。诺尔曼·文森特·皮尔说："确信自己被打败了，而且长时间有这种失败感，那失败就可能变成事实。"如果你不承认失败，只认为是人生一时的挫折，那你就会有成功的一天。

有些人之所以害怕，是害怕失败后会失去自信心，其结果是他们试图将自己置于万无一失的位置上。不幸的是，这种态度也把他们困在了一个不可能做出什么杰出成就的位置上。还有的人惧怕失败，是因为他们害怕失去第二次机会。在他们看来，万一失败了，就再也得不到争取成功的机会了。如果这些人知道，多少著名的成功人士都曾失败过，就会增添一些希望。

王宏筠，39岁，拥有一家公司，主要从事高档玻璃屋顶的安装，目前个人资产约1500万元。从中国人民大学毕业后，他选择去外企工作，在美国的一家企业驻北京办事处负责销售一些进口的医疗器械。刚工作半年，他就被提升为销售三部的销售经理。1989年，王宏筠成为这个办事处的首席代表。

1992年年底，王宏筠决定为自己做事，他成了意大利佐利雅建材公司产品的中国总代理。随后的一年多时间里，王宏筠开始了忙碌辛苦的自主创业历程。一年多的时间，花掉30万元，却没有做成一笔生意。

在王宏筠已经弹尽粮绝，连向朋友借的5万元钱都快用光时，他咬牙又坚持了几个月，他把自己的房子作为抵押，再次向银行贷款20万元。他把工人的工资提高近一成，留住了熟练的技术工人；另外，王宏筠拿出了

5万元继续在报纸上打广告；同时他还多方面打听消息，只要打听到有新的装修项目，他都会亲自跑去向人家介绍他的顶棚技术。

功夫不负有心人，机会终于来了。他接到了机场路附近别墅区的工程，一共有7家要安装，他一下子就赚到了20多万元。之后生意一个接一个，工人加班加点都做不完。

到1995年时，商品房中大量的复式结构出现，王宏筠的生意更加火爆。意大利公司看到他市场开拓得如此好，又给他让出了2%的利润。他也开始将业务发展到广州、深圳及上海。王宏筠用了5年的时间就赚到了自己的第一个1000万元。现在，每当王宏筠回想起自己的创业历程，都将自己的成功归因于在挫折中的坚持。

能不能坚持，很多时候不是能力大小的问题，而是意志力高低的问题，而且这也是能否成功的关键。要成功，不论遇到任何困难，都必须坚持到底，只有坚持不懈地努力，成功才会来到你的身边。选准目标、坚持到底是一种值得提倡和嘉奖的品质。

用1万个小时铸就匠心

致力于心理学、社会学研究的格拉德威尔根据前人的研究,总结出了"1万小时定律"。概而言之,就是人们在任何领域取得成就的关键其实与天分并没有太大的关系,只是坚持的问题,而这个坚持的时间就是1万个小时。也就是说,你如果在某一领域每天坚持3个小时,每周坚持20个小时,那么,10年之后就会在这一领域取得傲人的成绩,你也就当之无愧地成为这一领域的"匠人"。

20世纪90年代初,美国佛罗里达州立大学的心理学教授安德斯·埃里克森在柏林音乐学院对小提琴专业的学生做过一项调查,得出了这样的结论:一般来说,小提琴的学习者大概都是从5岁开始练习,最开始每个人每周练习两三个小时。从8岁开始,那些成绩优秀的学生练习时间已经长于其他人,9岁时每周练习时间达到6小时,12岁时达到8小时,14岁时达到16小时,20岁时达到30小时。从5岁到20岁的这十几年里,他们的练琴时间已经达到了1万个小时左右;与此同时,他们的艺术造诣也达到了相当高的水平,在某种程度上可以说已经取得了成功。

第二章 匠人，有一种坚持的倔强

美国神经科学家丹尼尔·列维京说："无论是在对作曲家、篮球运动员、小说家、钢琴家，还是对象棋选手的研究中，（1万个小时）这个数字反复出现。"诚然，1万个小时对于每个人来说都是一段漫长的时间，在这个过程中，我们需要亲人和朋友的支持和鼓励，需要心无旁骛地努力练习，才能达到预期的结果。

美国作家丹尼尔·科伊尔著有《一万小时天才理论》一书，与格拉德威尔的《异类》类似，核心也是"1万小时定律"——不管做什么事情，如果能坚持1万个小时，那么基本上都能成为这一领域的专家。

格拉德威尔认为，天才不过是做了足够多练习的人，这在艺术领域也同样适用。他说，练习不是你已经很优秀时做的事情，而是使你变得优秀做的事情。由此看来，那些普通人眼中的"成功人士"无一不是经历了漫长的练习，才有了日后的荣光。我国有一句话叫"十年磨一剑"，说的也是这个道理。

披头士乐队可谓开创了摇滚乐的新时代，他们在1960—1962年5次前往德国汉堡，演出了106个晚上，每晚的演出时间至少5个小时。当时，为了吸引不断走动的听众，他们不得不一直演唱并且更换不同风格的歌曲，这就促使他们不得不探索新的演奏方式。1964年，披头士乐队累计表演了1200多场，有的乐队甚至在整个音乐生涯中都无法达到这个数字。最后，他们成功了。

连续13年蝉联《福布斯》全球亿万富翁排行榜首位的比尔·盖茨，在大学二年级从哈佛大学辍学开办软件公司的时候，已经苦练了7年的程序设计，累计超过1万个小时。事实上，早在读中学的时候，比尔·盖茨就对计算机产生了浓厚的兴趣。1968年，他上初二的时候，就读的私立中学购买了一台最早的可以直接连接到大型计算机的电脑终端。并且，当时他家挨着华盛顿大学，在那里能接触到更高级的计算机。这些都让他有足够的机会和时间接触计算机，从而练就了深厚的技术素养。

音乐神童莫扎特从小在父亲的指导下练习钢琴，在6岁生日之前，他已经有了3500个小时的练习时间。后来，年仅21岁的莫扎特写出了脍炙人口的《第九协奏曲》。那时的他虽然年轻，但是练习的时间已经远远超过了1万个小时，所以，他成功了。

象棋神童鲍比·菲舍尔，6岁开始学习国际象棋，12岁成为著名的曼哈顿国际象棋俱乐部的一员，14岁获得了自己的第一个美国国际象棋冠军，15岁获得"国际象棋特级大师"称号，是当时获此称号的最年轻的选手。从国际象棋界的新手到炙手可热的大师，鲍比·菲舍尔用了10年的时间。

当红歌手萧敬腾，15岁开始学习爵士鼓，18岁开始在酒吧、餐厅驻唱，每天都穿梭于不同的酒吧，有时甚至1天超过12个小时都在演出。2007年，他在中国台湾的选秀节目《超级星光大道》中惊艳出场，技压群雄，成为流行乐坛的代表人物。显然，他的成功也与长时间的刻苦练习有关。

对于成功者来说，不管他所挑战的领域是否有趣，他们都将付出远远超出常人的代价。毕竟，愿意拿出1万个小时专注于某项事业的人大都不是寻常之辈。在此，不妨把1万个小时换一个方式表达，那就是"10年"。

20世纪90年代，美国科学家、诺贝尔经济学奖获得者赫伯特·西蒙和埃里克森一起创建了"10年法则"。这个法则的内容大概是：要想在某一领域成为大师，一般情况下需要大约10年的艰苦努力。人们往往会羡慕那些走在行业尖端、引领时代发展的弄潮儿，却不知道他们中的大多数人都是平常人，而他们之所以能够脱颖而出，就是因为具备超越常人的耐心和毅力，肯耗费1万个小时甚至更长的时间来坚持做一件事情并不断完善自己，由此修成匠人。

如果你也梦想着早日成功，不要抱怨自己缺少机会、生不逢时、怀才不遇，等等，而是要先问自己的功夫有没有做到家，你所付出的努力到底有几成。无数成功者的例子都证明了一点，一个人只要不是太笨，有了1万小时的基本功，即使不能成为人人仰慕的大师，至少也会成为所在领域的专家。要知道，成功是由诸多要素组成的，我们唯一能掌控的，恐怕就是这漫长的1万小时了。请牢牢记住，1万小时的坚持，是走向成功的必经之路，除此之外没有别的捷径可走。

唯有专注，方能独步

有这样一个寓言：非洲狮子在追捕羚羊时，只会盯着一只羚羊不放，拼命追赶，即使在追赶的途中遇上了离自己很近的另一只羚羊，也决不会改变目标，它只对选定的目标猎物穷追猛打。有许多企业员工忘记了企业的目标是满足客户的需求，每当有客户前来企业拜访，那些员工总是做些面子上的工作，只让客户看好的一面；每当接到客户的建议信，员工们既不讨论，也不改进，一如既往地按原来的模式进行。诸如此类的情形，可能发生在任何一个员工身上。

时刻铭记你的目标和你所要完成的使命，时常检查自己现在所做的事情是否与目标相左。人们所做的事情常常与所设定的目标相违背，因此，目标的达成也就遥遥无期。

专注于你的目标，即使你在做的是一件微不足道的事情，也会变得很有意义。

一天，一位大将军在赶回军营的途中，突然发现从路旁冲出了一只雪白可爱的小兔子，但大将军却不予理会，任凭小兔子在自己身边蹦来蹦去也不去追捕，依然赶路。因为他知道，如果他去追捕那只小兔子，就会耽误时间，贻误战机，他不能为了一只可爱的小兔子而影响了军务大事。

这个小故事告诉了我们一个道理：唯有专注，才能"捕捉"到自己最重要的目标。经营企业也是一样的道理，只盯住一个行业，做细做精，才有可能成为该领域的领先者。

人不能没有目标，目标是一种向往、一种寄托，不管目标是大是小，只要设定目标，人生就会有动力，就会有意义。没有目标的人在为有目标的人为实现目标而工作。无论你目前的条件和处境如何，你最需要做的是专注于你的目标。你每专注于目标1分钟，你就走近目标1分。专注的力量就在于，它能使你的精力高度地集中起来，聚焦于一点上，以最快的速度找到解决问题的方法，最后高效地实现目标。

当你选择了某一行业后，你就一定要专注于这个行业。

坚持执着地追求目标有以下好处：

（1）在熟悉的行业，有利于创新。

（2）使你拥有的资源不至于浪费。

（3）你所拥有的技术在不断更新，不会因行业的发展而"变旧"。

（4）能更好地在所在行业里创造个人和企业品牌，确立个人和企业信誉。

（5）使自己更有信心在该行业继续追求下去。

俗话说"隔行如隔山"，如果你今年干这行，明年又觉得那一行似乎更好，你又去干它，后来又觉得另一行似乎更有前景，你又进入那一行，这样转来转去，最后只会是一事无成。每一行都有不同的行规和特点，你干这行稍稍熟悉就改行了，只好从头再来。面对陌生的环境，你必然需要花一段时间去熟悉。如此，你就永远都无法积累起你的核心资源。

而当你有追求和专注的目标，执着长久地在某个行业里努力，即使你在前进的路上遇到了很多困难，也没有关系，因为这些困难正是你事业的一部分，你遇到的困难越多，你事业的成功就越有意义。

不要在乎困难，而要专注于目标，这样，你成功的时间一定会比很多人快，成功的效果一定会比很多人好。事业成功者基本上都是在自己熟悉的行业中长久执着地努力追求，才卓有成效的。关于专注，有人提出了一条非常好的建议：一个人一生能做好5件事，即读透一本书，熟练掌握一项技能，拥有一个和睦相处的家庭，在内心深处保存住一份美好的情感，一生做好人。事实上，能够做好这"五个一"，人生就比较成功了。

在阿里巴巴集团10周年庆典大会上，2万多名阿里巴巴集团员工和亲朋好友共同出席了这一庆典，马云在庆典上发表了感言：

"我们坚持专注，我们专注于电子商务，前10年我们专注于电子商务，后10年还是专注于电子商务，我们前10年专注于中小企业，未来10年我们还是专注于中小企业。因为只有专注于中小企业，专注于电子商务，才能让我们长久，因为中小企业需要我们，因为中国电子商务和全球电子商务需要我们。"

在马云看来，专注地做一件事非常重要。马云是一个理想主义者，他的理想在于他的专注，他认为，一个人如果没有明确的目标和方向，到处打游击，分散精力，势必不会有大的作为。

在一次谈话节目中，有一位创业嘉宾向马云提问说："我曾经经营酒店，没干够1年就关门了。接着发现房地产开发热，买房子的特多，就卖起了整体橱柜和卫浴，做了5年，没想到不但没挣到钱，反而赔了，前些日子也关门了。总之，倒霉的事都让我摊上了，家庭也因此不和谐了。现在因为本钱问题,我也不敢再盲目投资了。我这几天发现山寨手机利润还可以,开个手机店可以吗?还有新绿洲地板,很有卖点,它是曲线地板,我想做个市级代理,我感觉还可以吧。男怕选错行,女怕嫁错郎。我到底该怎么做呢?跪求马总支招。"马云回答说:"你没有入错行,是心太花,不知道自己要什么。你永远追在市场之后,追在今天最赚钱的行业之后,看到这个行业有钱赚,就跳进去了,而不是看到这个行业,你觉得这个行业我可以做得更好,你有独特的方法,坚定不移地相信自己能为这个行业做出独特的价值,为这个行业的客户做出独特的价值。如果你这样想,就可以坚持走下去。

"你这样做就像猴子掰玉米。先跟你说一个坏消息:你这样的做法肯定要失败。再说一个好消息:绝大部分的失败企业都是因为不够专注,没有信仰,没有坚信市场,看到别人赚钱就进去。很多人也都看到也都跳进去了,这个市场就变小了。如果你没有想清楚为客户创造什么独特价值、自己可以坚持多久,没有找到自己真正爱的事业,还是会失败的。"生活中,其实有许多人都会犯这样的错误:看到什么生意好就去做什么,看到什么生意赚钱就去做什么,而从来没有考虑自己是否喜欢做,是否真正专注地去做了。对此,马云给出的建议是:做事情一定要专注,相信自己可以创造出独特的价值,可以做出不一样的效果,这样才能成功。

千万不要去怪行业,天下没有不好的行业,要怪的话只能怪自己,怪自己没有正确地做事,没有做正确的事。

马云的专注绝不是只表现在口头上,而是表现在实际行动中。从阿里巴巴成立至今,马云就一直专注于做电子商务,十多年来,无论顺境还是逆境,马云从来都没有放弃。1999年,阿里巴巴公司成立,马云的第一个构思就是，通过互联网帮助中国企业走向世界，帮助国外企业进入中国。要帮助哪些国内企业走出国门呢？马云认为推动中国经济快速发展的是中小企业和民营经济。当时，中国改革开放不到30年时间，中小企业比较多，大量的中小企业需要即时的商业信息。阿里巴巴公司觉得应该帮助这些真正需要帮助的企业，因此，当时马云的定位是为中国及未来全世界的中小企业服务。2000年是中国互联网的转折之年，一路看涨的互联网神话开始跌落。当时的阿里巴巴公司命悬一线，没有后续资金，没有盈利模式，到处迎来质疑和谩骂。当时互联网方面最热门的是短信业务和游戏业务，前者是新浪和搜狐等中国门户网站的天下，后者以盛大网络的陈天桥和网易的丁磊为代表，更是日进斗金。于是有人劝马云，放下电子商务，改做其他赚钱的生意。但是马云顶住了诱惑，依然不改初心，坚持继续做电子商务，于是就有了他对孙正义所说的那句话："孙先生，我还是这个梦想。"后来，孙正义对外界夸赞说："在众多的企业家当中，马云是唯一一个3年前对我说什么，现在还是对我说什么的人。"马云有一个著名的"抓兔子"理论：看见10只兔子，你到底抓哪一只？有些人一会儿抓这只兔子，一会儿抓那只兔子，最后可能一只也抓不住。CEO的主要任务不是寻找机会，而是对机会说NO。机会太多，只能抓一个；抓多了，什么都会丢掉。

"只抓一只兔子"，这就是专注。在马云心里，企业经营管理并不如人们想象的那么复杂，但心里一定要有一个非常清晰的目标，那就是自己想做什么，想改变什么，经商者只有想清楚这个问题之后，才能形成专注于一个领域的经营思维。多年的创业经历使得马云深深懂得，创业不能只追求时尚，不能什么生意赚钱就跟着去凑热闹，这非常不利于企业的健康发展。

很多时候,我们离成功只差那么一点儿。是因为我们的能力不够吗?不是!那原因是什么呢?就是我们不够专注。人的精力是有限的,同一时间想要做的事情越多,在单个事情上分的精力也就越少,也就什么都做不成。对于企业来说,所拥有的资源也是有限的,只有做到了专注,才能将有限的资源集中运用在一点上,实现最为理想的资源分配。

匠心：成就卓越的力量 >>>

一生只专心做好一件事

"水滴石穿，绳锯木断"，只有坚持不懈地向着一个目标努力，才能够最终取得辉煌的成绩。

专心、专一做事的案例数不胜数。从更深层的含义来讲，专注乃是一种精神、一种境界。"把每一件事做到最好""咬定青山不放松，不达目的不罢休"，就是这种精神和境界的反映。专注的人，能够把自己的时间、精力和智慧凝聚到所要干的事情上，从而最大限度地发挥积极性、主动性和创造力，努力实现自己的目标。特别是在遭受挫折、遇到诱惑的时候，他们能够不为所动、勇往直前，直到最后成功。与此相反，一个人如果心浮气躁、朝三暮四，就不可能集中自己的时间、精力和智慧，干什么事情都只能是虎头蛇尾、半途而废。缺乏专注的精神，即使立下凌云壮志，也不会有大的收获。

许多人小时候读过这样一个童话故事：小猫和猫妈妈一起去钓鱼。小猫看见蝴蝶飞来了，它就去抓蝴蝶；看见蜻蜓飞来了，它就去抓蜻蜓。结果，它什么都没有抓到，鱼也没有钓到。

猫妈妈说："做什么事情都要一心一意地去做。你一会儿抓蝴蝶，一会儿抓蜻蜓，精力就无法集中到钓鱼上面来，怎么能钓到鱼呢？"小猫听了妈妈的话，就专心钓起鱼来。一会儿，蝴蝶又飞来了；一会儿，蜻蜓又飞来了。但小猫学着猫妈妈的样子专心钓鱼，再也不分心了。很快，小猫就钓到了一条大鱼。

在现实生活中，失败的例子要远远多于成功的例子，很多人的失败就是因为没有瞄准一个目标、持之以恒地做下去。而那些成功者则往往是集中力量瞄准一点，并坚持做下去，才获得了成功。这个点有时是一个稍纵即逝的机遇，有时是脑中一闪而过的灵感，有时则是在恶劣环境中长期形成的生活积累。只要能瞄准这个点，就能敲开成功的大门，哪怕力量微小，只要坚持，就一定能够到达胜利的彼岸。荷兰的显微镜学家列文虎克花了60年的时间打磨镜片，成为第一个用放大镜看到细菌的人。我们可以说他打磨的不仅仅是镜片，更是人生。现实生活中，人们经常抱怨成功很遥远，却又常常被小小收获带来的名利迷惑，看不清自己的方向，缺少专注的精神。有些人在刚开始专注地做一件事没多久之后就被其他事情吸引了注意力，这样一来就很难走向成功。

我们都看过电视剧《西游记》，剧中的唐僧从大唐长安出发，不远万里，去往天竺，途中历经坎坷，最后终于取得真经。剧中有着神话的成分，但事件也是真实存在的。历史上的玄奘法师13岁出家，20岁便名扬天下，一生只做了一件事——求取和翻译佛教经典。在研习佛学方面，他有着少见的执着求真的精神，当他对佛学研究产生了许多困惑后，便决定去天竺求取真经。他目标明确，不为任何诱惑所动摇，经历了长途跋涉之后，在印度留学10年，最终取回了真经，回到长安。玄奘带回的经书共657部，后来他及其弟子共译出佛典总计1335卷、1000多万字，数量巨大，译文精美，内容完备，超越了前代译师。另外，他根据自己在途中的经历编写了《大唐西域记》，写了他西游亲身经历的110个国家及传闻的28个国家的民族风情、山川、物产等。可以说，玄奘不仅是一个伟大的佛学家，也是一位伟大的文学家，不管是在中外历史文化交流方面，还是在中印两国的佛教发展方面，他都做出了巨大的贡献。

　　玄奘用自己的一生只做了一件事，但这一件事就让他流芳百世。我们要学习的就是他这种匠心和专注的精神。比尔·盖茨说："如果你想要同时坐两把椅子，就会掉到两把椅子之间的地上，我之所以取得了成功，是因为我一生只选定了一把椅子。"人生要想有所成就，必须做到专一、专业。因为人的生命是有限的，精力和能力也是有限的，然而人的梦想却是无限的，用有限的时间和能力去实现无限的梦想，这是不可能的事情。下面这个故事，希望能对大家有所启示。

　　有一天，一个老太太在报纸上看到一条消息：园艺所重金悬赏纯白色的金盏花。老人想：金盏花除了金黄色，就是棕色的，从来没见过白色的，这条消息简直不可思议，不过，我为什么不试试呢？她对8个儿女讲了她的想法，但遭到了他们的一致反对。大家说："你根本不懂种子遗传学，专家不能完成的事，你这么大的年纪了，怎么可能做到？"老太太决心一个人干下去。她撒下了金盏花的种子，精心侍弄。金盏花开了，全是金黄色的，老太太挑选了一朵颜色比较淡的花，任其自然生长，以取得最好的种子。第二年，她又把它们栽种下去，然后再从花朵中挑选颜色浅淡的花的种子栽种……一年又一年，春种秋收，循环往复，老太太从不沮丧怀疑，一直坚持，一晃20年过去了。

　　有一天早晨，她来到花园，看到一朵金盏花开得特别灿烂，它的颜色是如银似雪的纯白。她包好这朵纯白的金盏花的种子，寄给了那家20年前悬赏的机构，她甚至不知道那则启事是否还有效。等待的时间长达一年，因为对方要用那些种子验证。终于，园艺所所长打电话给老太太说："我们看到了你的种子栽出的花，它的确是雪白的。但因为年代久远，资金不能兑现。你还有什么要求吗？"老太太对着听筒小声说："只想问一问，你们可还要黑色的金盏花？我也能种出来……"

这就是坚持的力量！

无数的例子都向我们证明：专一是成功道路上最重要的品质，也是最重要的起点。真正的成功者，一生也就做好了一两件事而已。他们立志做好某一件事，并且花费毕生精力去努力。学会了、做熟了，有了一门专长，就能凭一技之长从事某种特定的职业，为大众和社会服务；如果把这份职业坚持做下去，做专了、精通了，就成为这个行业的专业人才；再坚持把这个行业的事做久、做强、做大，对社会有独特的贡献，那你就是这个领域的优秀匠人了。

一个人一旦选定了自己的目标，就不要轻易做出改变，而是要坚持数十年乃至一生，不懈努力，必有大成。当然，期间要忍受不同寻常的困难和磨练，但是这正是通向成功必不可少的一环，是检验一个人品质的最好的试金石。

庸人自扰，匠心至坚

现代社会里，有些人时常会感到焦虑，会在睡梦中惊醒，一身冷汗，而醒来之后依然惶恐不安，却说不清是为什么，但是有一点是明确的，那就是他们普遍缺乏安全感。

有些人夜晚失眠，白天困倦，一天都处在极为疲倦的状态，工作做不好，事业一落千丈，对工作、生活逐渐丧失兴趣，只想好好睡上一觉。有些人觉得呼吸不畅，时常喘不过气来，渴望得到身心上的放松，但又苦于没有良药。这些都是焦虑的表现，深深地困扰着无数的人。为什么会有如此多的焦虑的人存在呢？时常感到焦虑，多半是因为对生活感到迷茫，缺少奋斗的目标和勇气，觉得自己谁都不如。这其实是抑郁症的表现，其根源是对生活和工作缺少兴趣和精神动力。

要解决这个问题，首先要树立起对生活的信心，其次要树立一个明确的奋斗目标。

你的人生可以没有坐标，但不能没有目标。尤其是在事业刚起步时，确立每个里程的目标，是极其重要的。没有大到不能完成的梦想，也没有小到不值得设立的目标。只有朝着确立的目标行动起来，才有成功的希望。

撒哈拉大沙漠是世界上最大的沙质荒漠。虽然这里的气候条件极其恶劣，可是，在撒哈拉沙漠深处却奇迹般地矗立着一个小城，每年都有很多旅游者来这儿旅游。

在著名探险家罗德·阿蒙森来到这里之前，这个小城一直是与世隔绝的，因为这里的人们从来没有离开过这片大漠。其实，他们也向往外面的世界，也曾做过多次尝试，但无论往哪个方向走，最后都会回到出发的地方，始终走不出去。在经历了一次次失败之后，他们放弃了。

小城的人为什么走不出来呢？罗德·阿蒙森很纳闷。于是，他决定跟着当地人走一次，看看究竟是什么原因。他们在沙漠中走了半个月之后，果然又回到了这座小城。罗德·阿蒙森终于明白了，当地人之所以走不出去，是因为他们根本不认识北斗星。在茫茫的沙漠中，如果一个人只凭感觉往前走，他会走出许多大小不一的圆圈，最后肯定会回到原地。于是，罗德·阿蒙森告诉这里的人们，只要白天休息，夜晚朝着北面那颗星走，就一定能走出沙漠。有一个叫阿古特尔的青年照着做了，3天之后，他果然来到了沙漠的边缘。阿古特尔也因此成为这个小城的开拓者，他的铜像被竖在小城的中央，在铜像的下面刻有一句话：成功，从设定目标开始！

一个人要想有所成就，首先要有明确的目标和奋斗的方向。大海中航行的轮船以到达彼岸为目标，即使遇上狂风暴雨也勇往直前；南飞的大雁以抵达南方过冬为目标，才能不远千里地进行迁徙。沙漠中没有方向的人只能徒劳地绕着圈子，始终找不到出口，发现不了绿洲；生活中没有目标的人只能简单重复着自己平庸的生活，无法创造奇迹。成功的定义其实是抵达自己设定的目标，没有目标就谈不上成功。

"飞人"迈克尔·乔丹是 NBA 的职业篮球高手，他在球场上的非凡表现令世界瞩目，使世人赞叹。是什么造就了他的非凡表现呢？是天分，球技，抑或是策略？他的回答是："在 NBA 里从不缺少有天分的球员，我也算是其中的一个。可是，我之所以跟其他球员截然不同，是因为在 NBA 里，我是最拼命的人。我只要第一，不要第二。"那么，迈克尔·乔丹拼命不懈的动力到底是怎么来的呢？

高中一年级的时候，乔丹在学校的篮球队里参加训练，但是某天，一个噩耗突然降临，他被告知以后不用再来了，也就是说他被学校篮球队退训了。年轻的乔丹面对这个突如其来的消息大为伤心，他回到家里整整哭了一个下午。在此之后，乔丹并没有放弃打篮球的想法，尽管遭受了如此重大的打击，但是他却把这个教训转化为动力，他为自己定了更高的标准、更难达到的目标：他不仅要重新成为学校球队的一员，而且还要成为里面最棒的！

为了实现自己的目标，乔丹开始了刻苦的训练。在即将升高二的那个暑假里，他得到校队教练克里夫顿·贺林的指导。他迫切想要早日达成心愿，每天都在学校的攀爬架上苦练，力图使自己的身高增加，以求在球场上更占优势。

目标明确的乔丹，每天都勤练不辍。后来，他终于被重新选为校队队员。正是这次挫败，才使乔丹决心不断向更高的目标挑战，在这个目标的推动下，乔丹一步步成为全州、全美国大学乃至 NBA 职业篮球史上最伟大的球员之一。

有很多懦弱的人不想面对挑战，不愿意接受生命中的波澜，所以他们抗拒给自己设定目标。可是，我们应该知道：设定目标乃是成功的基石，只有设定目标，才可以激发我们的斗志，使我们朝着所希望的目标前行。

一开始，可能设定目标对人生方向的影响不是很大。但是，时间越长，你就越能体会到目标对你人生的巨大影响。首先，设定目标要考虑三个因素：一是你想做什么，二是你能做什么，三是如何将愿望和努力与现实相结合。其次，为目标设定一个可以达到，又有挑战性的期限。

设立目标很重要，为你的目标设定一个合适的期限同样很重要。当你的目标有了期限，它就会清晰地呈现在你的脑海中，你就更容易达到。对于一只盲目航行的船来说，所有的风都是逆风；对于一个没有目标的人来说，所有的路线都是圆圈，只能在人生的旅途上徘徊，永远到不了目的地。

为自己设定一个实际的目标，并从现在开始朝着目标行动起来，一步一个脚印地走向成功。如果只是想象自己能够成功，却不采取任何有力的行动，目标就会变成空想，你就会被淘汰出局。

心无旁骛，惟精惟一

海恩法则是航空界关于飞行安全的法则，是由飞机涡轮机的发明者、德国人帕布斯·海恩提出的。海恩法则指出：每起严重事故的背后，必然有29次轻微事故和300起未遂先兆，以及1000起事故隐患。法则强调两点：一是事故的发生是量的积累的结果；二是再好的技术、再完美的规章，在实际操作层面，也无法取代人自身的素质和责任心。

海恩法则要求我们：精益求精，从小事做起。每个人所从事的工作只是分工不同，毫无卑贱与高尚之分。只有卑贱的心理，而没有卑贱的工作，我们要正确地看待自己所做的平凡的小事，力求脚踏实地地做好，切勿急功近利。你每天所做的这些不足挂齿的小事，也许正在为一件大事的成功增砖添瓦，或者能成为一件成功大事的点睛之笔。

在现实生活中，许多富人发家大多是从做小生意开始的。亚洲首富李嘉诚，刚开始创业时是卖塑料花的；曾经的中国首富、东方希望集团董事长刘永行，是做猪饲料起家的；世界最大的百货零售商是沃尔玛，世界最大的快餐店是麦当劳，它们每天的销售额数以亿计，但它们却是通过一个个针头线脑和一个个鸡腿汉堡，吸引消费者一元、五元的消费，才堆积成巍峨的财富大厦。

海尔总裁张瑞敏说："什么是不简单？把每件简单的事情做好就是不简单。什么是不平凡？把每件平凡的事情做好就是不平凡。"平实的语言，却包含深刻的哲学道理。大家都知道"不积跬步，无以至千里；不积细流，无以成江海"的道理，可就是很难把每件小事都做好、做实、做对，究其根源，还是素养、品质上的不足。如果你真的想要成功，就一定要克服志大才疏、眼高手低、好高骛远的坏毛病，从身边的每一件小事做起。每个所谓的大事业都是由许多小事构成的，也都是从小事做起的。

"一屋不扫，何以扫天下？""扫屋"与"扫天下"一脉相承，一屋也是天下的一部分，"扫天下"又怎么能排斥"扫一屋"呢？凡事都要从小事做起，这小事可能很小，小得让你想象不出它会有什么意义，但只要你认真做了，就会有收获。

在当今这个张扬个性、名利纷争的时代，不少人眼高手低，心浮气躁，不屑于做小事，认为自己天生就是成就大事的，对身边的琐碎小事过于认真就是浪费时间和精力。殊不知，做小事正是磨练意志、积累经验、走向成功的必由之路。只有从平凡而细致的事情做起，从基层做起，踏踏实实，精益求精，机遇才会垂青于你。

懂得了这个道理，那么就从现在开始，做好你身边的每一件小事吧。例如：把你的仪表整理好、心情调整好，这是对他人的尊重；把你手头的工作做好，这是对你的事业的尊重。

"人心惟危，道心惟微，惟精惟一，允执厥中"，这是我国古代著名的治国"十六字心传"，最早记载于《尚书·大禹谟》。据传，这16个字源于尧舜禹禅让的故事。当尧把帝位传给舜、舜把帝位传给禹的时候，所托付的是天下与百姓的重任，他们谆谆嘱咐、代代相传的就是这16个字。后来，禹又传给汤，汤传给文、武、周公，文、武、周公又传给孔子，孔子传给孟子。这个传承过程是以心印心，以心传心，因此这16个字被称为"心传"。儒学主张根据这16个字去治理国家、教化人民。

这16个字直译的意思是："人心难易其诡，道心难得其真，求真总须精纯专一，治世贵在守中固善。"其中，"人心惟危"是指人心具有很多不确定性，很难具有常性，所以人心是最具潜藏的危险的。"道心惟微"是说道心非常微妙。道心乃天地自然之心，道心的微妙，可从《道德经》中得以引证："道之为物，惟恍惟惚。惚兮恍兮，其中有象；恍兮惚兮，其中有物。"道之玄妙，衬托出道心的微妙。"惟精惟一"是说领悟道心要精益求精，专其心、精其技。《中庸》里的"博学、审问、慎思、明辨、笃行"实为阐述"惟精惟一"的最精确的要义。"允执厥中"就是要真诚地遵守不偏不倚的中庸之道。北宋理学家程颐说："不偏之谓中，不易之谓庸。中者，天下之正道；庸者，天下之定理。"能够恒久做正确且明德的事情而不废怠，是为中庸。

"惟精惟一""允执厥中"综合起来，结合实际理解，就是对待任何工作都要专心致志、一丝不苟、精益求精，同时，力求有正确的理念、正确的方法，专注于其中，永不放弃。

著名的物理学家丁肇中先生，仅用5年多时间就获得了物理、数学双学士和物理学博士学位，并在40岁时获得了诺贝尔物理学奖。丁先生说："与物理无关的事情我从来不参与。"综观著名的大企业，如美国的微软、可口可乐公司，几十年甚至几百年就做一件产品，取得垄断地位，再不断地做科研，使自己的技术一直处于同行业的领先地位。正是他们对技术的"惟精惟一"使得他们取得了巨大的成功。

第二章 匠人，有一种坚持的倔强

我们对待自己的工作，不要以赚钱为唯一目标，也不要以出名为目标，而是应该专注于某一领域，追求成为某个领域中的顶尖人士。

"惟精惟一"，一生做好一件事，就意味着集中精力发展，而不是多元化发展。很多人涉足很多领域，学习很多知识，其实每一项都没有很强的竞争力。专注于某一件事情，哪怕它很小，努力做得更好，便会有不寻常的收获。

一位农村大妈，没读完小学，连用普通话表达都不太熟练。因为女儿在美国，她申请去美国。她到移民局提出申请时，申报的理由是"有技术特长"。移民局官员看了她的申请表，问她的技术特长是什么，她回答是会剪纸画。她从包里拿出剪刀，轻巧地在一张彩纸上飞舞，不到3分钟，就剪出一组栩栩如生的动物图案。移民局官员连声称赞，她申请赴美的事情很快就办妥了，引得旁边申请而被拒签的人一阵羡慕。

一个人没有学历，没有工作经验都没关系，只要有一项被众人和社会认可的特长，就能拥有其他人不能获得的东西。可许多人往往走入误区，譬如一些大学生在校读书期间，忙着考这证考那证，证书弄了一大摞，忙着做主持、当模特，业余职业换了一个又一个，毕业之后却很难找到一份合适的工作。这山望着那山高，不能专注于当下的学习，从而分散了时间和精力，结果往往是事与愿违。

专于其心，一心一意，一次只做一件事，这意味着集中精力，不被其他诱惑所动摇。若经常改换目标，或四面出击，往往不会有好结果。目标定了很多，什么都想做，却什么都没做到最好，最终也就打造不了自己的核心竞争力。人的一生时间有限、精力有限，不可能把所有的事情做到最好，但绝对有可能把其中的一件事做到最好，因此一定要专注于其一，全力打造核心竞争力。任何行业都是博大精深的，足够用一生的精力去钻研和奋斗。任何一个大师级的人物，都只是自己那个领域内的大师。世界首富比尔·盖茨最聪明的地方不是他做了什么，而是他没做什么。他只专注于自己最擅长、最感兴趣的操作系统、软件开发上，而不是被市场上其他的诱惑吸引。那些左顾右盼、渴望拥有一切的人，往往因为目标不专一，最终一无所获。

"人心惟危，道心惟微；惟精惟一，允执厥中"是中华文化的心传，当珍惜之，谨记之。我们应该吸取心传之精华，深思之，践行之，专注，执着，做好每一个当下，成为合格的工匠、优秀的员工。

专于其中，方成极致

能将一生奉献给一门手艺、一项事业、一种信仰的人，必能专于其中，炼就炉火纯青的技艺，打造出极致完美的作品。如此之人必然能耐得住寂寞，经得起诱惑。

战国时代，在各种工匠中，最受人尊崇的就是吴、越两国的铸剑师。他们名留史册，甚至许多刀剑都以他们的名字命名。其中最著名的就是欧冶子和干将师徒。

欧冶子，春秋末期到战国初期越国人，中国古代铸剑鼻祖，龙泉与湛卢等名剑的创始人。欧冶子诞生时，正值东周列国纷争，楚先后吞并长江以南45国，越国成为楚国的属国。少年时代的欧冶子，跟随舅舅学习冶金技术，刚开始只冶铸青铜剑和铁锄、铁斧等生产工具。他肯动脑筋，专注于研究和探索铸剑的方法和技巧，在山上居住了几十年，专心铸剑。他对每一把剑都倾尽心血，精雕细琢，用心冶炼，一遍又一遍地打磨，一把剑往往费时好几年，所以他一生铸剑，传世珍品却只有5把，不过这5把剑都是闻名天下的宝剑。他专注于铸造，潜心用功，终于发现铜和铁的性能的不同之处，冶铸出第一把铁剑"龙渊"（后改名为龙泉），开中国冷兵器之先河。

正是因为欧冶子醉心于铸剑，对铸剑费尽心血，穷尽精力，他铸造的剑才那么神奇。在《吴越春秋》和《越绝书》中对此都有记载：越王勾践请名剑师欧冶子为他造了5把宝剑，一曰湛卢，二曰纯钩，三曰胜邪，四曰鱼肠，五曰巨阙，每一把都是名震天下的名剑。后来越国战败，只得将其中的3把送给吴王夫差求和。然而吴王无道，滥杀无辜，其中的湛卢剑竟"自行而去"，到了楚国，另投主人。一天楚王醒来，发现身边多了一把宝剑，十分惊异，就请来当时著名的剑师风胡子来相剑，问他这把剑值多少钱。风胡子告诉他，这把剑是无价的，因为造这柄剑时，赤堇山裂开，现出锡矿；若耶溪也干涸，露出铜矿；雨神降下大雨洒扫，雷神拉动鼓风炉，蛟龙捧着熔炉，天帝装炭，由通晓天机的铸剑师欧冶子经过千锤百炼，才做成鱼肠、湛卢等5把宝剑。这样的宝剑，有什么价格能与其等同呢？从这些描述可见当时的人们对欧冶子所铸宝剑的推崇和珍爱。欧冶子和他的徒弟干将都成了名垂千古的铸剑大师，也成为中国铸造业的鼻祖，他们对铸造倾注满腔热情、用尽一生心血的精神，对作品精益求精、追求极致的态度，也一直传承至今。

现代社会机会多多，选择多多，诱惑也就更多。但是，过多的选择机会反而使人容易见异思迁，也就不容易专注于某一件事情，难把事情做到极致。

天台智者大师是我国南朝陈、隋之际的著名佛教领袖和佛学思想家，是天台宗的创始人，被其弟子尊为"四祖"。他对中国佛教贡献巨大，弟子众多，影响深远。他说："一切诸佛土，实皆平等。但众生根钝，浊乱者多。若不专系一心一境，三昧难成。"意思也是说人若不能专注地一心

第二章　匠人，有一种坚持的倔强

一意做事，就很难把事情做好。

每个人的出生背景不同，天赋条件各有差异，但机会均等，人人都有大有作为的可能。家庭富裕的人，创业是比较容易，但太容易到手的成功，往往就对人缺乏吸引力，难免会影响其创业激情；而出身贫寒的人，通常举步维艰，但是，穷则思变，变则通，生活的磨难使其对成功充满渴望，激发了斗志。

虽然每个人都有成大器的可能，但最终心想事成者往往只是少数。之所以如此，是因为多数人做事情不能专注，不能坚定目标、持之以恒。在人的一生中，值得追求的东西很多，如果什么都想要，就什么也得不到。无论做什么事，只能选定一个目标，全力追赶，不受其他事物的诱惑，才可能达成心愿。

禅宗大师慧远年轻时喜欢四处云游。有一次，他遇到一位嗜烟的行人，两人结伴走了很长一段山路后，坐在河边休息。那位行人向慧远敬烟，慧远高兴地接受了。由于谈得投机，那人又送给他一根烟管和一些烟草。

两人分手后，慧远心想，这个东西实在令人舒畅，肯定会打扰我禅修，时间长了一定恶习难改，还是趁早戒掉吧！于是，他把烟管和烟草都扔掉了。过了几年，慧远迷上了《易经》，每日钻研，乐此不疲。冬日的一天，慧远写信给自己的老师索要寒衣。没想到，信寄出去很长时间，老师还没有寄衣服来。慧远用《易经》上所教的方法卜了一卦，算出那封信没有寄到。他想，《易经》固然奇妙，如果我沉迷于此道，怎么能全心全意参禅呢？从此，他再也不学《易经》了。

再后来，慧远又迷上了书法，进步很快，受到行家好评。慧远又想，我的目标不是成为书法家，何必潜心于书法？自此，他又放弃了书法。

最后，慧远摆脱了一切爱好的诱惑，一心参禅，终成一代大师。

众多的事实说明，无论从事任何职业，要想做到极致，获得令人瞩目的成功，都需要具备很强的目标专注力。世上的职业无所谓高尚，也无所谓低贱，无论任何事，只要专于其中，一心一意脚踏实地去做，最终一定能取得出色的成绩。

在机会多多、选择众多的今天，我们每个人都要经得住选择的诱惑，专注于所做的工作，像那些著名的工匠那样，精益求精、一丝不苟，方能达到工作的极致、人生的极致。

那些工匠一生不为名利，甘于寂寞，心无旁骛，他们除了盯着手中的活儿，很少去想别的事情，很少考虑其他的，所以他们的作品才那么精致，那么完美。也正因为如此，他们才有了人生的辉煌、精神的超凡脱俗，才有了千古传诵的美名。

在荷兰，一个名叫安东尼·列文虎克的农民来到一个小镇，找了一份替镇政府看门的工作。他在这个岗位上干了60年，一生没有换过其他工作。

不过，他在工作之余，另有追求。他的目标是打磨出世界上最好的玻璃镜片，只要一有时间，他就拿出打磨工具，磨呀磨，一磨就是几十年。他是那样专注和细致，他的打磨技术早已超过当时最好的专业技师，他磨出的复合镜片，放大倍数超过当时最好的显微镜。他因此名声大振，被巴黎科学院授予院士头衔。这是多少科学家梦寐以求的荣耀啊！不仅如此，英国女王也专程到小镇上去拜访他，向这位杰出的老人表示敬意。

列文虎克仅仅初中毕业，却因为目标专一、心无旁骛，因为沉心静气、潜心研究，创造了一个奇迹！现代的员工们要想有所成就，也必须继承和坚守他这种专一和专注的精神。

美国学者拿破仑·希尔说："一个人追求的目标越高，他的才能发展就越快。一心向着自己目标前进的人，整个世界都会给他让路。"的确如此，有崇高的目标，工作标准就定得高，就会用心去想、去做，做到极致，力求完美。反之，若一个人缺乏目标追求，安于现状，就很难成为有成就的人。纵观古今中外那些成功者的奋斗轨迹，他们都有明确的奋斗目标，并能为了这个目标一心一意地坚持下去。

李时珍用21年完成《本草纲目》，司马迁历时13年写成《史记》，苏武在敌营坚持牧羊19年终于胜利完成出使任务……心无旁骛，才能执着坚守，有了目标就有力量。

心无旁骛，一心盯紧自己的工作，会产生强烈的事业心和责任感。事业心、责任感是成事之基、力量之源。许多事实说明，一个人的能力有大小，但有了事业心、责任感，能力强的人可以把工作做得更好，能力相对弱的人也可以在实践中不断提高。只有把工作当事业干，把岗位当阵地守，才能摆脱名利缰锁的羁绊，戒除浮躁心态，去除懈怠精神和懒散行为，不断增强质量意识和责任意识，从而一门心思把自己的工作干好。容易被外界诱惑、被外物打扰的人，是做不好工作，达不到自己的目的的。

1952年11月9日，爱因斯坦的老朋友、以色列首任总统魏茨曼逝世。以色列政府随即决定，请在国际上享有极高声望的爱因斯坦出任总统，并且由总理亲笔写信邀请他。面对高官厚禄的巨大诱惑，爱因斯坦却毫不犹豫地拒绝了。他回信说："我整个一生都在同客观物质打交道，因而缺乏天生的才智，也缺乏经验来处理行政事务及公正地对待别人。所以，本人不适合如此高官重任。"不久，爱因斯坦在报上发表声明，正式谢绝出任以色列总统。在爱因斯坦看来，当总统可不是一件容易的事。同时，他还再次引用他自己的话："方程对我更重要些，因为政治是为当前，而方程却是一种永恒的东西。"现在看来，爱因斯坦的选择是明智的，因为他清醒地知道，他感兴趣的是数学和物理学，虽然他在这一领域取得了成功，但是这并不代表他在任何领域都能应付自如。试想，如果爱因斯坦没有拒绝当总统的诱惑而答应下来，他就不可能再有那么大的精力去证明相对论，那么世界上就很可能少了一位伟大的科学家。

每个人成功的路上，都充满了各种各样的诱惑，如果不能坚守内心，抵挡住诱惑，就不可能坚持到底，也就难以获得最后的成功。

古今凡成大事业者，都着眼于每个细节。古人讲："合抱之木，生于毫末；九层之台，起于累土。"现实生活中，一个人的理想再远大，目标再宏伟，也需要一招一式地抓，一件一件地干。只有脚踏实地、苦干实干，才能让理想、目标一步步变为现实；而那些好高骛远、左顾右盼的人，是很难有所作为的。作为一名员工，要千方百计把工作干好。苦干，可以砥砺品质、增长才干。只有苦干，练就娴熟的技能，才能冲散浮躁的气息。专注，就是心无旁骛，就是锲而不舍、全神贯注。只有具备吃苦耐劳的精神和专注的品质，才能向一名合格的工匠靠近，成为一名精益求精、不断做出成绩的优秀员工。

专注才能专业，专业方成匠人

英国著名作家毛姆说："你应该将心思和精力专注于你的事业。日光不经凸透镜折射、集于焦点，绝不能使物体燃烧。"自然界和人类社会共有的一种强大的力量就是专注，专注让植物向着阳光生长，让动物具有高超的狩猎技能，让自然界的各种生物得以繁衍。而在社会生活中，人们能通过专注获得精神和物质上的双重财富。你无论投身职场、商界、学术界还是投身其他领域，专注都是取得成功必不可少的因素。

古代有一个人想学习射箭，他拜入当时最有名的神射手门下为徒。师父告诉他，学习射箭首先要练好定力。那么，定力怎么练习呢？其实并不难，就是站成射箭的姿势，每天站3个时辰，等练到3个时辰过去仍纹丝不动的时候就可以学习射箭了。

寒来暑往，弟子练了3年，终于达到了师父的要求。可师父又说他现在只具备了身体上的定力，要练习射箭还必须具备心理上的定力。那么，心理上的定力又该怎样练习呢？师父让他站在高高的悬崖边，站成练箭的姿势，每天站上3个时辰，等到3个时辰过去仍纹丝不动的时候再教他如何射箭。这一练又是 3 年，弟子最终练成了。弟子兴奋地找到师父，问："现在可以教我射箭了吧？"接下来师父只教了 3 个月，弟子就能百步穿杨。弟子非常疑惑："为什么练习定力需要 6 年，而学习射箭仅仅需要 3 个月？"师父解释道："不仅是射箭，定力是成就一切事情的基础。射箭只是一种技巧，如果没有专注的定力，技巧再好也难以射中目标。世上最好学的是技巧，而最难做到的是具备专注的定力。""咬定青山不放松""不达目的不罢休"乃是做好一切事情的基础。专注于事业的人把自己全部的时间、精力和智慧凝聚到他所要干的事情上，从而能最大程度地发挥积极性、主动性和创造性，在这一领域创造出独特的价值。

几乎每个人都有美好的憧憬和梦想，但是由于追求的心态和方式不一样，结果也千差万别。要知道，"人生之路始于念，事业有成在于心"，只有专注做事，才能品尝到丰收硕果的甘甜。

专注于一份感情，感情肯定醇厚甜蜜；专注于一个家庭，家庭肯定幸福美满；专注于一份工作，工作肯定充实快乐；专注于一份事业，事业肯定灿烂辉煌。只要你肯付出时间和精力，专注于小事，小事积累将成为大事；专注于大事，大事将成就一番伟业。

现实生活中，很多人缺乏的并不是才华，而是"始终如一"的精神，最终与成功擦肩而过，抱憾终生。如果你在做一件事情的时候能够多一份专注，多一份坚持，那么有一天你也能够成为业界翘楚。

古人说："闻道有先后，术业有专攻。"要想把一件事做到极致，就必须专注于此，这就要求人们要学会并敢于和善于取舍。在生活中，我们经常会见到这样的人，他们看似什么都懂，关于每个话题都能滔滔不绝地说上很长时间，但如果深入地说，他们就哑口无言了。这种人不会取得令人瞩目的成绩，他们的一生注定是碌碌无为的。人生如此，企业也是如此。

如果一个企业跨行业投资，什么都做，的确是符合"广撒网、多捞鱼"的策略，但是如果哪种投资都不出彩，就永远树立不起自己的品牌，自然也就无法做大做强。

所谓"专注"，"专"指专一、专门，"注"指坚持、投入。真正做到专注，关键在于敢于取舍。生活中有很多懂得专注的人，他们不高调，默默地做着自己的工作，几年、十几年甚至几十年专注于自己的行业，成为这一领域的专家。某互联网公司CEO曾经说过，他只会给两种员工加薪：一种是确实符合加薪规定的员工，一种是专注于自己的工作并做出了一定成绩的员工。

有不少人在做事之前信誓旦旦，做起事情来却三天打鱼两天晒网。古语说："欲多则心散，心散则志衰，志衰则思不达。"意思就是当人们有过多欲望的时候，心思和精力就会分散，就会遗忘自己的志向，也就很难成就一番事业。王羲之练习书法，直到写黑了整个池塘的水，才做到了一字千金，得到了"书圣"的称号。如果你倾心于某项事业并且一如既往地专注下去，一定会有所成就。

专注，是集中精力专心致志，是长期修炼达到的一种境界。它体现的是一个人为人处世的态度，是一种素质和能力。游泳运动员孙杨每天的游泳训练超过10个小时，他坚持了8年，经过长达两万八千多小时的训练，终成奥运会冠军。如果你有这样专注的精神和毅力，又将会取得怎样的成就呢？盛大网络创始人陈天桥曾说过这么一段话："当每天收入达到100万元的时候，我觉得它是诱惑，它可以让你安逸起来，让你享受起来，让你能够成为一个'土皇帝'。当时我只有30岁左右，急需一个人在边上鞭策。就像唐僧西天取经一样，到了女儿国，有美女有财富，是停下来还是继续去西天？我希望有人不断地在边上督促说：你应该继续往你取经的地方去，这才是你的理想。"成功者的专注在于他们对理想的执着。只有那些意志不坚定、精神不集中的人才会对现有的成就感到满足，甚至停止前行的脚步。对于那些永远向着理想前行的人来说，他们总会发掘出身上某些不完美的因素，并渴望进一步改善和提高。他们从不墨守成规，身上洋溢着旺盛的生命力，专注于改进自己，精益求精，想方设法使工作和事业达到更好、更理想的境界。正是在一次次的进步当中，他们完善着自我，也完善着人生。

第三章
匠心是从完美到极致的追求

匠心是对完美的极致追求,是匠人文化的本质。这是成功者的一种心态:没有最好,只有更好。无论外界环境如何变化,匠人对自己做的事情都有着高度的坚守。这种坚守呈现出专业、细致以及精益求精的工匠精神,对每个生产细节都有着极高的要求,不断地追求完美和极致。

匠心：成就卓越的力量 > > >

勇于与自己较劲

与自己较劲，是不断提升自我修养的过程，是不断变得成熟、强大的过程。苏格拉底说："让那些想要改变世界的人首先改变自己。"

和自己较劲的人，永不知足，具有强烈的改变命运的愿望，这些人从事的活动、事业更容易成功，他们的生活更容易发生质的改变，并且在改变的过程中，他们会不断地进步。那些取得令人瞩目的成就的人，无一不是在不断地和自己较劲。

著名主持人赵普出生在安徽一个贫穷的家庭。为了节省开支，年轻的赵普考虑再三，决定放弃读高中考大学的机会而选择去参军。进入连队后，赵普被分配到广播室当播音员。为了做好播音员的工作，赵普每天都看《新闻联播》，从头到尾仔细地揣摩主持人声音的抑扬顿挫，甚至连他们的表情也刻意模仿。赵普有一个心愿，那就是成为一名优秀的播音员。为了练好普通话，咬准每个字音，他把《新华字典》上的字词抄下来，折成小卡片，放在衣兜里，一有时间就进行练习。半年后，赵普的普通话练得炉火纯青。

第三章 匠心是从完美到极致的追求

1991年，安徽省气象台面向社会公开招聘一名临时气象播报员。赵普决定试一试。起初，负责招聘的领导以应聘者必须具有本科以上学历为由拒绝了赵普，后来经不住他的苦苦请求，同意让他试一试。经过考核，赵普以出色的表现应聘成功。

1994年，北京广播学院（现中国传媒大学）播音系干部专修班面向全国招生，赵普毅然决定报考。但播音系属于艺术专业，既要考文化课又要考专业课，文化课需要参加全国统一的成人高考，专业课则要求寄送本人主持或播音的作品。在离文化课考试只剩4个月的时间里，赵普要学完整整3年的高中课程。朋友们都觉得考上是天方夜谭，但赵普没有多余的时间来思考这些，他只有一个信念：一定要考上！

他利用一切可以利用的时间，练习发音，学习高中课程。在那段时间里，他几乎每天只睡4个小时。功夫不负有心人，1996年2月，只有初中文凭的他终于接到了北京广播学院播音系的录取通知书。1996年年底，快毕业的赵普争取到了在北京电视台实习的机会。电视台的领导看他表现出色，同意给他3个月的试用期。

为了及早上镜，他春节不回家，日夜守在录播室里，遇到同事们出镜，他就在一旁细细地揣摩，连一个声调、一个表情也不放过。

在录制节目的空闲时间，他就捧着有关主持的专业书籍苦读。1997年年底，赵普被选中做《热线律师》的主持人。他逐渐在电视台站稳了脚跟。终于，北京电视台与他正式签订了聘用合同，他真正实现了当主持人的梦想！

但赵普是一个不断和自己较劲的人，他并未就此停步。通过4年的刻苦学习，赵普不仅拿到了北京电影学院管理系制片专业的本科学位，还攻读了北京师范大学艺术专业的硕士学位。2006年年初，中央电视台举办主持人选拔比赛,赵普拿着材料去报了名。经过40多天的比赛,赵普从千余名选手中脱颖而出,夺得了这次比赛的第三名,进入了中央电视台,成为中央电视台最为出色的新闻主播之一。

赵普不相信命运的安排,下定决心要与命运进行较量,结果他胜利了!这正应了那句话:"命运如弹簧,你强它就弱。"你只要坚强起来,命运便会向你低头。勇于与自己较劲的人会不断地取得进步,因为这样的人是希望改善自己的人,是让自己不断提高的人。他需要弥补自己的不足,需要往自己的"伤口"上撒盐。但是,这些"自己找来的苦"不是白白承受的,因为在这个过程中,他们的能力会逐渐提升,成绩也会越来越好。与自己较劲需要吃苦,但不是盲目地吃苦。苦要吃,但要吃在关键处;要较劲,但要较在自己不足的地方。这样,苦才不会白吃,劲才不会白较,人的素质才会得到提高。

伊利集团是中国奶业的一家龙头企业,但伊利人不因市场占有率高而沾沾自喜,仍然孜孜不倦地追求。为了保持领先地位,伊利持续投入资金1亿多元,从美国、日本进口气相色谱仪、质谱仪、酶标仪、高效液相色谱仪等先进检测设备,24小时不间断地检测奶质安全,确保市场上的产品批批合格。同时,为了保证奶源供应,伊利决定在5~10年的时间里,投入重资,用于现代化牧场建设的更新升级。

美国食品科技学会原主席赫博斯通博士考察了伊利集团乳品生产的全部过程,对伊利的先进生产技术和完善的食品安全追溯体系表示赞赏。新加坡官方考察团则称赞伊利已经达到了世界一流的水准。这些扑面而来的赞美之词并没有让伊利集团的管理层飘飘然,他们认为强中自有强中手,只有自身标准不断提高,才能永远站在行业的前端,不被社会发展落下。

蒙牛集团也是一个善于与自己较劲的企业。2001年下半年,组建才两年的蒙牛集团的规模并不大,但却有雄心壮志,就是决心建设"中国乳都"。于是蒙牛集团组建了一支考察队伍,到澳大利亚和新西兰进行考察。

考察之后,蒙牛集团感受到了差距和震撼。因为当时的蒙牛集团日收购奶量仅有几十吨,远远比不上澳大利亚、新西兰的优秀企业的加工厂能日处理3000吨牛奶,于是蒙牛集团初步定下了建设"千吨工厂"的思路。

后来,蒙牛集团又派人去泰国考察,回来后决定建设"全球样板工厂"。2002年12月,蒙牛和林格尔生产基地三期工程落成投产。这个基地引进了世界上最先进的设备和技术,多项建设参数和技术参数名列第一。蒙牛集团拥有了全国乳品行业体量最大、自动化程度最高的立体智能仓库,实现了建设"全球样板工厂"的目标。

伊利集团和蒙牛集团虽然是相互竞争的关系,但各自在产品质量上的投入却形成了良性的竞争,都得到了长足的发展。它们的发展壮大表面上是相互竞争的结果,其实是跟自己较量的结果。

与自己较劲使得它们获得了很多的优势,也使它们在保持中国奶业领先地位的基础上不断地发展壮大。和自己较劲儿需要自断后路,拿出超人的勇气,难免会得不到理解,但是一旦下定决心去做,其结果也是诱人的——遥遥领先的业绩和事业上的巨大成功。上天对任何人都是公平的,一味纵容自己的弱点,也许会暂时半死不活地支撑下去,却失去了发展自我的大好时机,是得不偿失的。

"德国制造"的荣耀

"德国制造"一直是精湛工艺和品质的象征。经过历史锤炼的"德国制造"已树立起了国家品牌,随着西门子、奔驰、宝马、拜耳、汉高、阿迪达斯等品牌成了享誉全球的高品质产品的代名词。

德国人做事严谨,这是众所周知的,也是有历史传承的。

1844年5月,费尔迪南多·阿道夫·朗格向世界钟表组织宣布要制作世界上最精密的钟表,表明其制作完美精密计时装置的决心。这位来自德累斯顿的表匠计划应用其早前于法国、英国和瑞士制表中心游历所学,兴建现代表厂。其主要目标是建立一个产业,"继而让数千人能维持生计,振兴本土经济"。由此可见,费尔迪南多·阿道夫·朗格不仅受过良好教育,而且具有社会良知。

由于当地政府无力拯救更多贫困地区的人们,朗格在1844年决定挺身而出。他通过书信、请愿及协商,游说政府支持他在格拉苏蒂镇建立制表公司的计划。这股热情最终令德累斯顿的皇家萨克森内政部同意了其请求,但要求是:朗格必须为至少15名格拉苏蒂镇的青少年提供为期3年的制表训练，以换取政府批出 6700 塔勒的贷款，其中 1120 塔勒用作采购工具；学徒则需为朗格工作 5 年，并且每周分期偿还培训的费用。首本员工账目记载显示，获选的制表学徒包括"1 名油漆小工、12 名稻草编织者、4 名家佣、1 名农场工人、1 名采石工人和 1 名葡萄园园丁"。

部分年轻人因缺乏天资，在短暂试用期过后便无法继续，余下的则一直坚持，成为朗格首支团队的核心。随后，团队的成员增至 30 人。助手阿道夫·施耐德后来更成为朗格的姻亲。

费尔迪南多·阿道夫·朗格于 1815 年 2 月在德累斯顿出生，其父塞缪尔·朗格是名军械工人，不过他并未跟随父亲的步伐。朗格的父亲被形容为"粗鄙之人"，他早早便和朗格的母亲离婚。后来，年轻聪颖的朗格在新家庭生活，并得到家人鼓励，接受著名宫廷钟表匠约翰·克里斯迪昂·菲烈特里西·古特凯斯的训练。这显然是个明智的决定，古特凯斯很快便发现这名学徒拥有超凡的手艺，而且具有力求进步的决心，比当时德累斯顿钟表匠的意志更加坚定。培训期间，朗格在一所声名日增的技术学院上课，晚间则学习英语和法语。不久，他意识到自己必须前往法国、瑞士和英国等制表重地学习，才能进一步磨练技艺。在文艺复兴时期，创新制表工艺的发展集中在德语地区，如纽伦堡、奥格斯堡、沙夫豪森和史特拉斯堡，后来逐渐迁移至伦敦和巴黎。那个时候，钟表不仅是皇室尊贵生活的象征，军舰和商船对精密计时仪器的需求也在不断提升，因此当时的统治者都积极支持制表行业的发展。

朗格于 1837 年离开德累斯顿，他听从导师古特凯斯的建议，在准备行装时带上一本旅行日志，然后远赴巴黎跟随著名的天文钟表匠约瑟夫·赛迪斯·永尼尔学习。朗格本来计划展开较长时段的游学之旅，结果他在表厂只工作了 3 年，就顺利晋升为领班，成为当时工厂里技术最精湛的技师。

然而朗格并没有满足于此,他在日志中画下多幅机芯草图和详细绘图,并记录了齿轮和凸轮的数学计算比例。此日志日后在行业间广为流传。

他回到古特凯斯制作名贵钟表的工坊,并于1842年迎娶古特凯斯的女儿夏洛特·阿马利亚·安东尼娅,成为其岳父公司的共同持有人和钟表设计师。天文台专用的精密整时器就在这段时期诞生。其中,编号32的整时器在60多年的时间中一直被瑞士天文台采用,为这个制表集中地准确报时。此装置现陈列于日内瓦科学历史博物馆。

朗格公司的员工数目一般保持在100人以内,却一直是德国精密制表行业的核心,在格拉苏蒂镇内外持续发展。1875年12月,年仅60岁的费尔迪南多·阿道夫·朗格骤然离世。他不仅给子孙留下可观业务和一系列国际殊荣,更令格拉苏蒂镇的经济日趋繁荣。1895年,格拉苏蒂镇为朗格设立了一座纪念碑,以颂扬他的功绩。费尔迪南多·阿道夫·朗格把精密制表带回德国,然后进行彻底改革,其设计如首次精确计算的轮系部件、补偿摆轮、精密调节装置、特殊终端曲线的游丝,皆是最高制表标准的体现。如今,带"A. Lange & Söhne"标志的精密时计,特别是结构复杂的腕表,经常在拍卖会上以极高的价格成交。收藏机械计时装置的鉴赏家,同时保留着这位制表翘楚的哲学,见证他在钟表历史上写下的一页页传奇。

2015年2月,人们迎来了费尔迪南多·阿道夫·朗格的200周年诞辰。这位才华横溢的表匠和他所创作的怀表至今依然备受热烈追捧,他把毕生奉献给制表界,在资源贫乏的地区挣扎求存,一步步奠定萨克森精密制表的基石。

这就是"德国制造"的精神,是德国人对品质无止境的追求。德国人有个特点,就是喜欢在人看不到的地方下功夫。在慕尼黑的宝马汽车博物馆里，陈列着一个早期发动机，机身上的每个螺栓都用铁丝线连接，因为这样做可以保持每个螺栓的力矩相等。同样，制造汽车，德国人的思路会是："如果我是驾驶员，那么在驾驶的时候，除了四个轮子、发动机，我还需要什么？"诸如汽车的内饰、外观等不是他们所注重的。不过，现在他们也在不断地改进这些方面的设计，以让"德国制造"在外观和性能上同样优越。

匠人基因中的完美精神

匠人文化的本质是追求完美。当匠人文化被全社会承认,"敬业"和"认真"这两个词就会被整个社会接受和发扬。它们融入匠人的骨髓,成为每个匠人都必须遵守的工作"常识"。

1955年,日本建立了"人间国宝"认定制度。政府在全国不定期地选拔认定"人间国宝",那些大师级的艺人、工匠,经严格遴选确认后由国家保护起来,并予以雄厚资金支持,以防止精巧手艺的流失。

我们也在寻找我们自己国家的匠人,中央电视台的大型纪录片《大国工匠》所反映的内容只是一个缩影。在寻找匠人的过程中,我们也慢慢地找到了他们的特质,即执着、专注、一丝不苟、追求完美。匠人在任何领域都是存在的,也是值得尊敬的。也许他们还没成为理想中的手艺工匠,但丝毫不影响他们对自己所在领域的执着追求。

来自保加利亚的丹尼尔是一位从事头发雕刻的匠人。喜欢到处游历的他在去过全球20多个地方以后来到了中国,在成都为愿意尝试和喜欢头发雕刻的人们进行创作。

丹尼尔的父亲是艺术家，母亲是理发师，这样的家庭背景让他在某一刻突发奇想地想要将二者结合起来，于是，他的头发雕刻艺术就此诞生。此前就热爱画画和创作的他，无比享受每次头发雕刻的过程，喜欢创新和挑战自己的他每时每刻都有新的创意冒出，这或许也是他游走于世界之上为人们做头发雕刻艺术的原因之一。

进行头发雕刻比我们想象的要困难许多，尤其是进行肖像雕刻，这对创作者的技艺和构思能力都有较高水平的要求。丹尼尔说，在进行头发雕刻之前，他会先跟客人沟通，了解客人的想法喜好，根据客人的需要给出最适合客人的建议。如果客人没有具体的想法，他会直接给出他的想法，并尽力根据客人的需求给出最好最适合的设计。幸运的是，成都是一个开放包容的城市，乐于接受新鲜事物的成都人比较喜欢丹尼尔的头发雕刻艺术。

丹尼尔对于头发雕刻艺术有着极高的热情，当我们问他还有没有想从事的新的事业的时候，丹尼尔的回答是：头发雕刻将是他终身的事业，他爱雕刻，爱这份工作。如果有一天他不在发廊做雕刻了，那么他也会去当老师，去教授愿意学习头发雕刻的人。这就是丹尼尔这个匠人的坚持。

我的一位朋友小杰是世界级的咖啡师。对于他来说，烘焙咖啡豆是世界上最幸福的事了。相对于"咖啡师"的称谓，他更喜欢被称为"匠人"。从看到世界咖啡师冠军制作咖啡的节目开始，小杰便对咖啡产生了浓厚的兴趣并潜心研究，他并未师从他人，全凭一颗执着的匠人之心和力求完美的性格坚持下来。他从2008年开始，多次参加世界Barista咖啡师大赛，并两次获得中国区冠军。他因为兴趣爱上了这份手艺，又因为精益求精的性格，而继续追求工艺和技术的进步。咖啡如今像是他基因的一部分，与他无法割舍。

匠心：成就卓越的力量

我曾连续几次拜访一位有名的雕塑家。每次，我都发现他在修改同一件雕塑作品。不论是面部表情还是肌肉的力度等细节，他已经修改了很多次。

我疑惑地问他："这些细小的地方，别人都不会注意，不会有问题的。"这位雕塑家答道："你讲得对，但就是这些细节铸就了艺术品的完美。"你在工作时，应该要求自己做到尽善尽美。如果你不愿沦为一个平庸的工匠，那就应努力做到最好，达到艺术家的水平。

对工作力求完美、近乎苛求是成就事业的基石。工匠们喜欢不断雕琢自己的产品，不断改善自己的工艺，享受产品在双手中升华的过程。匠人精神的目标是打造最优质的产品，体现所谓"大师手笔"。

在德国，尽管许多享誉全球的大型跨国公司实力雄厚，但是，德国制造业得以被世界广泛信赖的基石，却是那些虽然隐身于偏僻乡间，却在本领域拥有世界第一名号的中小企业。这些众多的世界第一，构筑了德国制造业强大的竞争力。众多德国优秀的中小企业，有一个共同的特点，就是工人都具有优秀的手工艺传承，都具有着令人尊重的匠人精神。在德国，一个技能高超的熟练工人的社会地位和科学家没有多少差距，这也体现了整个社会对匠人精神的认可和赞赏。

在当下，弘扬精益求精的匠人精神，应该是所有企业、所有行业努力不懈、薪火相传去做的事情。

第三章 匠心是从完美到极致的追求

像乔布斯那样把产品做到极致

乔布斯走了，2011年10月，整个世界都在讨论这位科技伟人的离去。横跨两个时代的辉煌，可能只有乔布斯一人具有，从PC时代到智能手机时代，他的苹果产品一直是高端产品的代名词。

乔布斯的苛求完美是众所周知的。在苹果产品的开发中，乔布斯经常"按下暂停键"，然后重新回到画板上进行设计，只因为他感觉不够完美。当Apple商店开张在即，乔布斯和他的店面指导——荣恩·强森突然决定延迟数月以重新设计店面的陈列，除了按产品进行分类，新的布局还要可以按照活动进行分类。

对于内部管理，乔布斯也苛求细节，力求员工做到完美。他会突然之间出现在忙碌的员工面前，然后用刻薄的话挑出对方工作里的毛病，如同给人当头一棒。

他甚至经常骂员工是傻瓜，但大多数人都已经习以为常。有一位员工回忆说："当史蒂夫说你是个傻瓜时，千万别当真。那并不说明他真的认为你是一个傻瓜。那只说明，他不同意你的意见或者某一个看法。"乔布斯对细节和完美的追求十分疯狂，他甚至在决定机箱外该使用何种黑色颜料时，会不厌其烦地比对几十种不同的黑色颜料样本，但又对每一种都不满意，这也把负责机箱制造的员工折腾得苦不堪言。

在设计iPhone的时候亦是如此。iPhone的原始设计是将玻璃镶嵌到一个铝制的外壳中。某个周一的早上，乔布斯找到艾维说："我昨晚一夜没睡，我发现我不喜欢这个设计。"倒霉的艾维几乎瞬间就意识到乔布斯是对的。他回忆道："乔布斯的这个发现让我无比尴尬。"

问题来源于iPhone以屏幕为主的理念：现有的设计使手机的外壳过于突出，没有起到衬托的作用，整个设计给人的感觉过于硬朗和功利。乔布斯对艾维的设计团队说："伙计们，我知道你们在过去9个月为这个设计呕心沥血，但我们得重新来过，我们所有人都得在晚上和周末继续工作，或者，如果你们愿意，我这就发枪给你们，你们现在就毙了我。"设计团队没有反驳，他们同意了乔布斯的要求。乔布斯后来回忆道："那是我在苹果最自豪的时刻之一。"

在iPad设计的收尾阶段，类似的事情又发生了。有一次，乔布斯看着原型机，感到有那么一丁点不满意：它没有来去自如的随性和友好。它需要给用户传递这样一种信号：用户可以随意用一只手拿起iPad。乔布斯和艾维决定iPad的底部应该是圆角的，这样用户就可以舒服地拿起iPad而不用将其小心翼翼地捧在手中。而这种设计意味着要把所有的接口和按键集成在向下渐变的一个椭圆形区域内。乔布斯一直等到实现了这一点才发布iPad。

乔布斯的完美主义甚至延伸到那些看不到的地方。童年的时候，有一次他帮父亲在自家后院安装围栏。父亲告诉他花在围栏正反面的心思要一样多,乔布斯反驳道:"没人会知道。"他父亲答道:"可是你自己知道。一个真正出色的工匠用在柜子后面的木料和用在正面的木料一样好,我们在安装围栏的时候也应该这样做。"

乔布斯对完美的追求堪比一位艺术家。在主持 Apple Ⅱ 和 Macintosh 的设计时,他将自己学到的这一课运用到了电脑的电路板上,在两次设计中,他都让工程师重新设计各种插卡的走线,让主板看上去更漂亮。这种举动让 Macintosh 的工程师感到十分奇怪,其中一位抗议道:"没有人会去看电脑主板。"乔布斯就像他父亲那样回答道:"我要让它看上去尽可能地漂亮,尽管它封在机箱内。一个伟大的木匠不会在衣柜的背面使用劣质的木料,尽管没有人能看到。"

他告诉那些工程师他们是艺术家,他们应该像艺术家一样行事。主板重新设计好后,他请那些工程师和 Macintosh 团队的其他成员在机箱里刻上了他们的名字。他说:"真正的艺术家都会在自己的作品上签名。"

乔布斯对完美的追求使得他要求对每一款产品都有端到端的控制。如果看到自己呕心沥血设计出的软件在其他公司的蹩脚硬件上运行,他就会感到浑身不舒服。这种把硬件、软件和内容整合成统一系统的能力使他可以由始至终贯彻简洁的理念。天文学家约翰尼斯·开普勒曾说过:"自然热爱简洁与统一。"乔布斯也是这么认为的。

乔布斯曾经说过:"我相信最终是工作在激发员工们的能力,有时我希望是我来推动他们,但其实不是,而是工作本身。我的工作是使工作尽可能地显现美好,并激发出员工们的最大潜能。有时我分不清'将要怎样'和'可能怎样'的区别,也不清楚应该一步到位还是循序渐进。平衡理想和实际是我应该注意的地方。工作将是生活的一大部分,让自己真正满意的唯一办法，是做自己认为有意义的工作；做有意义的工作的唯一办法，是热爱自己的工作。你们如果还没有发现自己喜欢什么，那就不断地去寻找，不要急于做出决定。就像要凭着感觉去做事情一样，一旦找到了自己喜欢的事，感觉就会告诉你。这种感觉就像任何一种美妙的东西，历久弥新。所以说，要不断地寻找，直到找到自己喜欢的东西，不要半途而废。"完美主义的思想让乔布斯把自己特有的天才与执着的性格特点，以及按照他自己的规则玩游戏的脾气全部带入了自己创造的苹果公司。他全神贯注地追求梦想并且追求卓越，开创了一种新的企业文化，正是这种企业文化使得苹果公司成为创新的标志，并取得了令人惊叹的业绩。

细节是创新之源。乔布斯是重视细节、追求完美的"狂人"。美国一家投资银行的资深分析师保罗·诺格罗斯在一篇文章中写道："近乎变态地注重细节才是乔布斯的成功秘诀。"乔布斯曾经为了重新设计苹果电脑专属操作系统的界面，几乎把鼻子都贴在电脑屏幕上，以便对每一个像素进行比对。他说："要把图标做到让我想用舌头去舔一下。"他关心的是与产品有关的细节及其带给用户的体验。

苹果产品风靡全世界的原因告诉我们，创新就在我们身边，要想把创新精神贯彻到底，就要做好工作中的每一个细节。把每一个细节做到极致，也是一种伟大的创新。

将乔布斯视为偶像的雷军在对细节的重视上丝毫不逊色于乔布斯。小米科技在初创之时就被业界人士解读为——雷军正试图在中国复制乔布斯的苹果。但是，雷军做小米手机并不是让其成为苹果的复制品，小米手机是国内首款双核1.5G主频手机，为全球主频最快的智能手机，售价仅为

第三章 匠心是从完美到极致的追求

1999元，一上市就被订购一空。雷军说："小米手机的优势就是它的性价比。"雷军指出，小米手机将以"能打电话"的智能手机作为突破口，解决智能手机的信号、待机时长等问题，用CSP模块，从起点开始提供完整的解决方案。在设计、运营和营销方面，小米手机都有自己的独到之处。这是小米手机的创新点，这些创新让小米手机有了自己的灵魂，而这些创新点是靠细节来支撑的，所以，小米绝不是简单的复制品。

小米手机的推出在手机行业刮起了一阵硬件创新风，而小米在软件方面同样重视。例如，小米手机的解锁系统看似只有很小的改动，但是却充分体现了一个企业是否真的对消费者用心。很多国际大厂商生产的手机到现在都没有解锁系统，这让一些追随者不得不转用其他品牌。小米手机的解锁系统让其界面不用受手机制造商的制约，可以随意更换原生界面或者第三方界面，对于开发UI（用户界面）起家的"小米"来说，这个小细节的改动确实是非常用心的。

小米手机无疑是雷军及其团队的一个伟大的创新作品，而其创新成功的关键就在于在细节上下了真功夫。20世纪伟大的建筑师密斯·凡·德罗在被要求用一句话来概括其成功的原因时说："魔鬼在细节。"他反复强调，不管你的建筑设计方案如何恢宏大气，如果对细节的把握不到位，就不能称为一件好作品。细节的准确、生动可以成就一件伟大的作品，细节的疏忽则会毁掉一个宏伟的规划。

我们不难看出，每项创新都会给企业带来新的活力和高速的增长，而这些创新都不是什么轰轰烈烈的举措，而是对各个环节、各个局部的合理调整。正是这些细节上的不断创新，使小米公司运转得更有效，产生了更大的利润。

企业要真正达到推陈出新的目的，就必须做好"成也细节，败也细节"的思想准备。否则，所谓的创新只能是一句空话。企业要创新，必须加强对细节的关注。要想在残酷的社会竞争中立于不败之地，就必须警惕那些容易招致失败的细枝末节。

任何一项伟大的事业都离不开细节的积累，都需要聚沙成塔。注重细节，久而久之，形成习惯，才能不断趋于完美，给你带来巨大的收益。

<<< 第三章　匠心是从完美到极致的追求

完美就是做好每个细节

一位著名企业家曾说过:"想在人生的路上投资并有所收益,有所回报,第一件事就是必须从细节入手,认准一个方向,去积累,培养专注力。持之以恒的正向积累比什么都重要。"什么是专注?专注就是坚持朝同一个方向做持续不断的努力。

现代社会,分工日趋精细,敬业精神、专注精神也成为时代之必需。著名投资大师巴菲特把自己的成功归因为专注。专注精神是巴菲特前行的重要推动力。在2016年的里约奥运会上,张梦雪举枪射击前,凝眸如深潭静水,发力时物我两忘。这就是专注精神,它是一种比热情更伟大的力量。张梦雪为我国夺得里约奥运会的首枚金牌。我国伟大的政治家、文学家王安石曾说:"人之才,成于专而毁于杂。"如何打造专注精神,是我们成功成才必须认真考虑的问题。

人生路上,需要专注精神。认准目标,从细节处入手,找到合适的切入点。优秀源自专业,专业源自专注,执着地将细节做到极致。明代学者吴梦祥主张,做学问需"专心致志,从细节处,痛下功夫,庶可立些根本；或作或辍，一曝十寒，则虽读书百年，也不见得成器"。

细节是平凡的、具体的、零散的，容易被人们忽视，但它的作用却是不可估量的。细节是重要的，丢掉一只铁钉可能毁掉一个蹄铁；一个蹄铁出了问题，可能失去一个马蹄；一个马蹄出了问题，可能失去一匹战马；一匹战马出了问题，可能毁掉一个将军；毁掉一个将军，可能就输掉一场战争；输掉一场战争，就可能失去一个国家。当你攀山越岭，长途跋涉，导致你失败的可能不是艰难险阻，而是你自己鞋里的一粒沙子。取得成功，不在于做了一件多伟大的事，而在于把每个细节都做到完美，在打造细节的同时，培养专注的精神，这样你就会迈向成功。

对个人来讲，专注就是确定生命的主线。人的精力非常有限，一生做好一件事也并不容易。人生真正有价值的东西是质量而不是数量，要知道，老子只给后世留下一部短短5000字的《道德经》，却成为中国历史上伟大的思想家和哲学家；而很多所谓著作等身的人，则早已被人们遗忘。评判人生成就的标准，深度要比广度重要得多。因而，从细节入手，找到一条主线，将生命的设计紧紧围绕主线进行，把所有的努力凝聚为一种合力，培养专注精神，才能达到常人无法企及的高度。

纽约一家信息技术公司曾对1000人的工作效率进行调查，发现他们受干扰所浪费的时间平均占工作总时间的28%。美国著名的心理学家特瑞斯曼教授曾指出，不专注时，人们只能对事物的个别特征进行初步加工；而在专注的前提下，则能精细加工，并将其整合为一个整体。也就是说，只有专注，从细节入手，才能高效率、高水准、高质量地完成任务。如果我们想成功地控制工作和生活，就需要从细节入手，具有足够的专注力。

有一年，在央视举办的"中国经济年度十大人物"颁奖典礼上，主持人王小丫拿着一张大照片，对获奖人刘永行说："这是您在尝猪饲料吧？"

刘永行微笑着说:"是的,每一种新的猪饲料生产出来,我都要尝尝是什么味道,这样才知道猪吃着是什么味道。"刘永行作为东方希望集团董事长,事情千头万绪,却坚持亲口品尝猪饲料。

这是一件小事,但小事并不"小"。他从源头严把产品的质量,而且,不是走马观花随便转转,轻描淡写随便问问,非要亲口尝尝不可。企业要发展,科技要创新,产品得从细节做起,培养专注精神,产品是好是坏,得经过检验才行。刘永行对生产的新饲料都要亲口尝一尝,便是最好的"质检"和"体验"。饲料的质量上去了,生猪的质量必然高,也必然会受到用户的欢迎。

从细节做起,专注做事,对于一个企业的发展是多么的重要!如今,不少企业起点并不低,但就是做不长,很重要的一点就是不肯眼睛向下,从细节处做起。认真去想,用心去做,培养专注精神,前面的路才会越走越宽。

"蚓无爪牙之利,筋骨之强,上食埃土,下饮黄泉,用心一也。"专注是通往梦想的桥梁。从细节出发,聚精会神,心无旁骛,没有什么会挡住你前行的脚步;从细节入手,事事专注,洞察事物的微妙之处,精益求精,把握全局,从而彰显不一样的自己。"少则得,多则惑",发现自己在某方面的潜能,展现自己最出彩的一面。

做好生命的减法,从细节入手,打造专注精神,并持之以恒,让时间去成就生命的伟大,是最明智的生活之道。只有从细节出发,专注于自己所献身的领域,才能把握机会,而机遇也往往眷顾专注的人。

一位高校的博士生导师去意大利访学,途经某名牌鞋店,打算给自己买一双合适的鞋子。他很快选好了自己喜欢的款式。

可是,最合脚的尺码卖完了,于是他打算选一双小一号的,虽然穿着有点紧，但是鞋穿穿会松的。他正准备掏钱，可店里的售货员很礼貌地拒绝了他，理由是顾客试穿时表情不对劲，"我不能将顾客买了会后悔的鞋子卖出去"。这个国际名牌之所以经久不衰，受到顾客的青睐，原因就在于他们注重从细节处做起，专注于对自己品牌的维护。

匠人，只为打造更美的产品而生

不走捷径就是最快的捷径，这是匠人的行事风格。哪怕十年磨一剑，哪怕一生只做成一件作品，也一丝不苟，绝不马虎。所谓"慢工出细活"，只有慢才能更用心，慢才能更精细，最终出来的作品就会更精致、更完美。

有一位画家追求高产，创作速度很快，几乎一天就可以画一幅画，但是他到头来依然穷困潦倒，无钱养家，因为他的画很难卖出去。

相反，另一位画家作画的速度出了名地"慢"，几个月才画出一幅来，有时甚至半年或更长时间才能创作一幅画出来。但是他的画一出来就被人抢购了，而且价格昂贵，因而，这位画家收入颇丰。

高产画家就前去请教，问："我怎么样才能像你一样很快就把画卖出去，而且还是以高价呢？"慢工画家说："你花一天时间画出来的画，估计10年也不一定能卖出去。但是要是你愿意用一年的时间画一幅画的话，我保证你很快就能卖出去。"

于是高产画家回到家闭门不出，专心画画，花了一年时间，画出了一幅新画。果然，画一挂出来，不到1个小时，就被人以高价买走了。

匠心：成就卓越的力量 > > >

　　用一天时间画出的画的质量不可能及得上用一年时间画的那一幅画。因为一年时间的精心构思、描线、构图和设色所达到的精致程度，绝对不是一天时间画出来的画所能比拟的。世界上的事情就是这样，欲速则不达，急于求成反而不成。

　　时下的社会，人人都渴望成功，发达的愿望迫切，先进者抢立潮头，居中者力争上游，落后者奋勇争先，呈现出百舸争流的壮观景色。这种时不我待的急迫感，体现了宝贵的发展意识和进取精神，令人欣喜。但值得注意的是，有些人"急"字当先，不经认真思考和准备，就匆忙上马，急躁冒进，想一蹴而就，结果事与愿违，欲速则不达；有的人渴求快速成功、急速成名，心浮气躁，坐不住冷板凳，好高骛远，只想拣"高枝"栖，急功近利，结果一事无成；有的人历练不成熟，就抢名争利，最终因为能力欠缺、素质不高，难有大的作为。这样的"急"，不可能沉下心来做事，因急躁而粗枝大叶，不仅不能达到期望的目的，反而会使事情变得更糟。只有不那么急于求成，让做事的速度适当慢下来，才有时间、有精力将活儿做细、做好、做精致。

　　云南通海小新村三圣宫现存几扇格子门，上面雕有《三国演义》《封神演义》《水浒传》、大禹治水、十八罗汉、八仙等故事，都栩栩如生，美极了！雕刻此门的工匠叫高应羹，在他30多年的雕刻生涯里，共雕这样一堂六扇的门近20堂，一年还雕不完一堂。几百年过去了，三圣宫这套门还如当年一样光鲜。

　　为什么这么精美绝伦？就是因为慢工。这样的作品是工业化时代下快速生产的产品所无法取代的。

　　急于求成则不成。只顾眼前利益，缺乏长远打算，这样的人注定难成大器，这样的发展注定不可持续。急，要有成就事业的紧迫感、加快发展的责任感；急，也要有脚踏实地的态度、求真务实的精神。只有把握好"急"与"不急"的辩证法，认识到"急"与"成"的相互关系，才能急对地方、急对方法、急出成效。违背规律，盲目冒进，看似跨越，实则无着。如果急错了地方，用错了力气，方向不对，那么走得越快，错得越多。失去节奏，乱了步伐，难免摔跟头、出乱子，如此，就更别想出细活了。

当然，急能产生推动力，能"急中生智"，但也要明白，人一着急，就容易头脑发热，做错事。因此，心急头要冷，再紧迫，也要保持清醒的头脑，保持内心的安定。这是很多大师的切身感受。

莎士比亚说过："唯有埋头，才能出头。急于出人头地，除了自寻苦恼之外，不会真正得到什么。"积累不够，急于表现自己，即使有成也只能是昙花一现，甚至给自己带来伤害；而谦虚忍耐、善于积累，则能长久地享受成功的喜悦。我们只有踏踏实实立足本职岗位，不急于求成，慢中求细，慢中求精，做好当下的工作，才能取得可喜的业绩，享受到成功的喜悦。

有的事的确是急不得的，例如刺绣、丝画等精细的手工制作，必须一步一步来完成，着急出不了细活、好活。

但是，"慢工出细活"不是有些人认为的那样，"细活"都是"慢"出来的。甚至有些人把"慢"作为躲避工作的"护身符""挡箭牌"，认为干活不能太快，干完这事还有那事，不如慢慢干。有这样想法的人反映到行动中，表现出来的是办事不讲效率，做事拖沓，所做的工作常会漏洞百出，更别说精益求精了。要注意，做任何工作都应该讲质量、求精品，但也应该讲效率、重效益。该"慢"的时候一定要"慢"，不能急于求成，关注工作细节，注重产品质量，做出细活。这正是工匠们的产品之所以达到极致完美的原因，即工匠们能在慢中求细，在细中求精。工匠们如此执着与精进的精神和做法正是我们需要学习和传承的。

在实践中不断学习、提高

时代给我们的要求是，要善读无字之书，掌握书本上没有的知识。阅读"有字之书"可以学习前人积累的知识、前人的经验，从中借鉴，避免走弯路；读"无字之书"可以了解现实，认识世界，学到书本上没有的知识。

齐白石推崇对于"有字之书"的精研，但是善于体验生活的他更重视"无字之书"的学习。他的画之所以栩栩如生，创造出卓尔不群的书画风貌，自成一家，正是他努力在现实生活中提高艺术造诣的结果。

纵观齐白石一生的作品，展现的是一幅幅栩栩如生的鱼虫、欣欣盎然的草木，刻意求工处恰如雕镂，粗犷豪放处犹如泼墨，真可谓"形神兼备"。尤其是他的水墨画，更是别具一格，令人情不自禁地叫绝。

齐白石画的虾活灵活现、出神入化。为了将虾画好，齐白石对游动的虾观察了无数遍。他看虾、画虾已有几十年，可直到70岁时才觉得自己接近了古人画虾的水平。他严谨的创作态度还表现为对不清楚的事物绝对不肯下笔作画。他的好友老舍在某年春节时，选了苏曼殊的四句诗请他作画。诗中有一句"芭蕉叶卷抱秋花",齐白石对"芭蕉叶卷"没有亲眼见过,当时又正好是北国的严冬,无实物可进行观察,他为了弄清楚芭蕉的卷叶到底是从右到左卷的,还是从左到右卷的,逢人便问,但是,很多人都没有进行过细心的观察,都不敢肯定到底是哪一种答案。

这个在别人看来微不足道的原因使他最后放弃了为老舍作"芭蕉叶卷"画。人们觉得迷惑不解,但他却认为这样做是正确的,之所以"不能大胆敢为也",就是因为在现实生活中没有见过。

和齐白石一样,古代著名的医学家李时珍也是十分注重实践的人,他广博的医学知识就是在日常的生活实践中一点一点积累起来的。李时珍的父亲是一名大夫。那时的山里人劳动特别辛苦,腰肌劳损是种常见病,其父常常给这类病人泡制用白花蛇做主料的药酒。

李时珍特别好奇:为什么白花蛇的药效这么大呢?他很虚心地向很多医生请教了这个问题,都没能得到满意的答复。

他决定亲自到深山里去了解生活在野外的白花蛇的习性。但是他的想法马上遭到全家人的一致反对,他们说:"白花蛇生活在深山里面,而且剧毒无比,你万一有个闪失,可不是闹着玩儿的!"但忠于实践的李时珍并没有被困难给吓住,他一心想要把这个问题弄清楚。于是,执拗的李时珍还是向深山进发了。经过打听,李时珍来到了龙峰山,这里是白花蛇的理想栖息地,他在山路上足足等了两天,才等到一个捕蛇人路过。

捕蛇人告诉李时珍:"我家世代都是以捕蛇为生,但是没有一个能得善终,都是给蛇咬死的,特别是白花蛇,毒性特别大!"

听了捕蛇人的说法,李时珍并不感到害怕,而是告诉那位捕蛇人,为了减少天下人的病痛折磨,就是死于毒蛇之口,他也在所不惜。捕蛇人被李时珍这种不畏艰险的执着精神感动,终于点头同意带他去找白花蛇了。

　　路上，李时珍向捕蛇人请教了许多关于白花蛇的问题，如生活习性、特征和毒性等。捕蛇人见李时珍确实好学，就倾囊而授，把自己知道的知识非常详细地讲给他听。虽然如此，但李时珍并不满足，他还是希望自己能够亲眼看看白花蛇。

　　两人在山里耐心地寻找着，一连好几天，他们连白花蛇的影子都没看到。捕蛇人泄气了，但李时珍毫不气馁，他有个坚定的信念，不亲眼看见白花蛇，决不出这座山。这一天，李时珍和捕蛇人又在龙峰山山腰搜寻白花蛇，眼看山顶云层聚拢，暴风雨马上就要来了，于是捕蛇人便催促李时珍赶紧往回走。

　　捕蛇人走在前面，李时珍在后面跟着，两人正匆匆忙忙地赶路，突然李时珍"哎哟"叫了一声。捕蛇人回头一看，不由得大吃一惊，原来有一条白花蛇缠住了李时珍的左腿，蛇头正被他踩在脚底下！

　　捕蛇人赶紧来到李时珍身旁，费了好大的劲儿才把这条白花蛇抓进蛇笼。捕蛇人对李时珍说："如果不是你碰巧踩在蛇头上，今天你就没命了！"

　　这次深山之行，李时珍不但亲自考察了白花蛇的栖息环境，而且还亲手抓住了野生的白花蛇，他又接连走访了好几位捕蛇人，掌握了大量有关白花蛇的第一手资料。李时珍就是这样凭着勇于实践和不断进取的精神，终于完成了划时代的医学巨著《本草纲目》。如今，这本巨著早已被许多国家翻译成多种语言出版发行，在国际医学界享有很高的声誉。我们佩服李时珍执着认真的"医匠"精神，让全世界的许多医学工作者有幸看到这本医学巨著，并从中汲取营养，造福乡邻，造福人类。

　　南宋著名爱国诗人陆游曾写诗对他的儿子进行劝勉："古人学问无遗

力，少壮工夫老始成。纸上得来终觉浅，绝知此事要躬行。"

一个人如果真的想掌握有用的知识，就不应当满足于学习书本上的知识，而应当走向更加广阔的社会，把书上的知识运用到实践中，在生活中验证你在书本上所学得的知识。一边读书一边实践，这样你才能真正积累丰富的知识。

产品，让细节尽在掌握中

工作和生活一样，都是由一个个细节组成的，这些细节往往能决定事情的成败，有时甚至决定人生的成败。很多时候，我们的成败由我们对待细节的态度决定。有句话是："细节决定成败，态度决定一切。"只有细致入微，不放过任何细节，把每个细节都掌控在手，工作才能真正做好。

劳斯莱斯堪称完美的汽车，它大量使用手工劳动，一直到今天，它的发动机还是用手工制造的，此外，它的车头散热器的格栅完全是由熟练工人手工完成的，不用任何丈量的工具，一台散热器需要一个工人花一整天的时间才能制造出来。

劳斯莱斯成为英国王室专用车已有数十年的历史，沙特和日本王室也都对劳斯莱斯情有独钟。劳斯莱斯的创始人亨利·莱斯是一个做事精益求精、追求完美的人。他经常说："小事产生完美，但完美绝非是小事。"1903年，莱斯买了一辆法国德科维尔轿车，但是由于经常出现故障，莱斯非常失望，于是他设计出一辆双缸发动机汽车。1904年，第一辆完全由莱斯自己设计制造的汽车完成。此后，劳斯莱斯的高贵品质就来自它绝佳的质量。

认真做好每一件小事，成功就会不期而至，这就是细节的魅力，是水到渠成之后的惊喜。"不积跬步，无以至千里；不积细流，无以成江海。"许多人都渴望成就伟业，却又不屑于做好小事和细节。展示完美很难，需要每一个细节都做到极致；毁坏成果很容易，只需一些细节出意外。任何工作都需要在细节上下功夫，没有细致的精神与扎实的功底是不行的。我们需常怀如临深渊、如履薄冰的心态，时时刻刻把工作做细，才能不断迈上新的台阶。为此需做到以下几点：

第一，做好小事，养成习惯。

"勿以恶小而为之，勿以善小而不为。"对小事与细节的处理，往往能折射一个人的智慧和品格。应该在日常生活的点滴细节中积累自己的智慧，修炼自己的品格，提高自己的素养。为此，一方面要了解自己，清楚自己的短板，知其不足而后改之；同时注意学习他人的长处及优点，以修正自己的不足，日久天长，总有所获。注重做好小事，培养良好的习惯。小事情做多了，不知不觉中养成某种习惯，好习惯能让人受益终身，坏习惯则贻害无穷。

第二，精益求精，追求完美。

要解决好问题，首先要善于发现问题，要有"火眼金睛"，能"明察秋毫"。这就要求我们要有过硬的自身素质，要耐心、冷静地思考，努力增强发现细节的洞察力，提高解决问题的能力。

有研究表明，人类与青蛙的 DNA 的差异不到 7%，普通人与爱因斯坦的 DNA 的差异也只有 0.1%，但青蛙与人类、我们与爱因斯坦的差异却是天壤之别。我们只有在那些看似琐碎、简单的细节上自我较量，才能做得更好，企业才能创造出不可复制的竞争优势。在工作中要做到最好就要全力以赴，即使0.1%的疏忽也会导致前功尽弃。在任何工作中，都没有哪一件事情小到可以被放弃，没有哪一个细节细到应该被忽略。能100%做到的事情，就不要只完成99%。精益求精证明了一种工作作风：苛求完美，将工作做得无可挑剔。这正是"大国工匠"们所具有的可敬之处。

第三，用心做事，把握好"度"。

掌握好分寸，把握好"度"，是做人做事最难的一环。太过谨慎，难见魄力；稍有疏忽，又失误百出。因此，把握好"度"，是日常工作中修炼的要点。

事实证明，注重细节是提升效率的有效途径。实际工作中难免有一些细节开始不容易考虑到，但只要多留心，多学多问，就能把细节问题考虑周全。

细节来自用心。认真做事只能把事情做对，用心做事才能把事情做好。大凡成功者都是善于发现常被人们忽视的细节，能把小事做到完美，把每个细节都处理得当的人。只有具备高度敬业的精神、良好的工作态度，认真地对待工作，将小事做细，才能找到创新与改进的机会，从而提高工作效率。

第四章

用汗水与双手去创造未来

匠人把工作当信仰,他们踏实、稳重、坚定、干练,对工作一丝不苟,精益求精。他们凭着将简单的事情重复做的"笨劲",将简单的动作练到极致,才打造出了完美的作品。

你比昨天多流了几滴汗水？

俗话说："坚持就是胜利，执着才能成功。"无论是在学业还是在事业上，人们都想有所建树，有一番大的成就。但是，往往只有少部分人能取得最后的胜利，而相当一部分的人只能落寞地品尝失败的滋味。有一句话说得好："功到自然成。"为什么失败者走不到成功的终点呢？究其原因，不难发现，那些失败的人往往是半途而废的，他们没有坚持到最后一刻就轻易放弃了。

功到自然成，首先就要学会坚持。实现理想，需要执着的精神来支撑。坚持不懈、执着努力才能走向成功。毛毛虫蜕变成蝴蝶，是一个艰苦的过程，虽然过程极为艰难，但毛毛虫却从未因此而放弃，而是凭借执着的精神换取了展翅飞翔的美丽。蚌壳内钻进了一粒沙子，让蚌备受煎熬，它不断地分泌汁液，一层层地包裹这粒细沙，最终孕育出绚丽的珍珠。

想要成就一番事业，就必须付出常人难以想象的努力。

两个年轻人相伴到俄罗斯做生意，他们从小买卖做起，逐渐地积累起了一定的本钱，于是决定分道扬镳，到不同的地方继续闯荡。两个人分别来到哈巴罗夫斯克和共青城开饭店,万事开头难,饭店的生意并没有想象中那么红火。一年下来,两个人并没有赚到什么钱,反而赔了不少。去共青城的那个人想,要是明年还像今年这样赔下去,自己就血本无归了,还不如现在就收手,免得全军覆没。于是,他马上收拾行李,打道回府。

临走前,他来到在哈巴罗夫斯克开饭店的同伴那里。他发现,对方和自己的遭遇一样,同样生意不景气,于是他开始苦口婆心地劝告对方和他一起回国。但是,对方婉拒了他的提议,执着地认为,虽然现在俄罗斯的经济不景气,但只要咬咬牙,过几年就会变好的。一转眼,10年的时间过去了。那个回国的人一直没有固定的工作,往往是看到市场上什么火爆就从事什么生意,但每次都没有赚到什么钱,入不敷出的他只好给别人打下手来维持生计。而那个继续留在俄罗斯开饭店的人,在饭店的附近开垦出一片荒地来,种植各种各样的大棚蔬菜;在生意低迷、不景气的时候,他还建起了一个鱼塘。大棚里的蔬菜和鱼塘里的鱼类,为他的饭馆提供了源源不断的优质材料,并且还能向周围的老百姓出售。由于他的坚持和努力,他的生意越做越红火,积累了大量的资本。

执着通常会造就不同凡响的成就,想要成功,首先要学会执着地坚持自己的信念。许多时候,只要坚持,积极地想办法,任何困难都不在话下,任何艰险都能跨越过去。陷入逆境时,别忘了时刻提醒自己,坚持就是胜利。只要生活还没有抛弃你,你又有什么资格放弃自己?在人生艰难的境地中,如果看不到希望,不妨咬紧牙关,告诉自己,再坚持一下,再坚持一下。就这样,在你不断的坚持中,成功也会逐渐靠近你。

古希腊著名的思想家苏格拉底曾经对他的学生提出了一个要求,让他们每人都把胳膊尽量往前甩,然后再尽量往后甩,从某一天开始,每天做300下。学生们听完,都不以为意,认为这是鸡毛蒜皮的事,谁完成不了呢？一个月的时间过去了，苏格拉底来到学生们中间，问道："每天甩手300下，现在还有哪些同学在坚持呢？" 90%的同学都自豪地举起了手。又过了一个月，苏格拉底问了同样的问题，但这次只有30%的人举手。

时间悄悄地流逝，一年之后，苏格拉底又问了学生们同样的问题。这时，其他的人都默不作声，人群中只有一个人举起了手，他就是柏拉图，后来成为古希腊的大哲学家。

看似最容易的事情也往往是最难的，说它容易是因为每个人都能做到，说它难是因为长期坚持下来不易，并不是每个人都能持之以恒地坚持做下去。在行进的道路上，总是会有人半途而废，他们会找出各种借口来敷衍、安慰自己。坚持不易，很多人经历磨难之后，就难以忍受，就想着要放弃，不愿继续前进。这时候，就需要坚持到底的精神，努力保持激情。

贝多芬这位著名的音乐家，人生并不是一帆风顺的。在他的人生达到巅峰的时候，命运却和他开了一个天大的玩笑，他先是失明，后来又失聪。这对他的事业简直就是致命的打击。然而，面对困境，贝多芬却展示了异于常人的倔强性格，他执着地坚持了下去。尽管失去了视力和听力，但他早已把音乐装进自己的内心，他的内心成为他的眼睛和耳朵，最终他的执着与努力没有白费，创作出了举世闻名的《命运交响曲》。

坚持意味着要学会忍耐，忍受生命中的困难和不幸。人的一生必须通过不断的抗争才能获得机会，如果缺少了这些历练，结果往往不会显得那么珍贵。机会的得到实属不易，走向成功的路往往很艰难，不断的奋斗努力，也是激发我们的实力的过程，这个过程需要强大的坚持和忍耐的精神。

坚持体现出沉着。有的人急功近利，心急火燎地希望早日成功，然而往往事与愿违，只能得到惨败。我们应该沉着冷静，拒绝急功近利，一步步地坚持下去，绝不放弃。

观察那些失败者与成功者的区别，往往不是成功的人有更加聪明的头脑或者得到了更好的机遇，而是他们能够持之以恒，执着地坚持自己最初的目标。坚持的时间有可能是一天、一个月，有可能是一年、十几年或更久。人在路途中行走，不论遇到什么事情，不论经历多大的坎坷，都要往前看，坚守自己的信念，大步地往前走，坚持到底就是胜利。

生命的可贵之处在于，即使前方路途漫漫，布满荆棘，但只要我们坚持下去，就能收获成功的喜悦。坚持带给我们信念，给予我们自信，赐予我们动力。发挥自己的巨大潜能，不轻言放弃，不妄自菲薄，脚踏实地地一步步坚持下去。

举世闻名的网球健将纳达尔在4岁的时候就开始练习网球，8岁便开始四处参加比赛，年仅15岁就赢得了职业生涯中的第一个ATP赛事冠军，这次比赛使得纳达尔的名声大噪，创下了当时的纪录。

在旁人看来，纳达尔的一生可谓是顺风顺水，仿佛没有经历过任何的困难。其实并非如此，2004年，纳达尔因为比赛失误导致左脚踝骨折，紧接着他又遭受膝伤的困扰，这对正处于事业上升期的纳达尔来说可谓是灭顶之灾。面对主治医生下达的最后通牒，纳达尔默不作声，心中却掀起了千层巨浪。纳达尔为了能够继续参加比赛，只能默默地从头再来，默默地训练，逐步地恢复。

在之后的岁月里，纳达尔没有因为病痛的折磨而轻言放弃，他选择坚持。怀着一颗恒心，他想继续留在赛场上，他坚持参加各种比赛。功夫不负有心人，到2013年为止，纳达尔共获得了13个大满贯冠军，包括8次法网冠军、2次温网冠军、1次澳网冠军和2次美网冠军，并获得过北京奥运会单打冠军。纳达尔是现役男子网球运动员中两位全满贯得主之一（另一位是费德勒），并且是"体育界的奥斯卡"——"劳伦斯奖最佳男运动员"称号的获得者。

放眼望去，那些在体育赛场上有所建树的运动员们无不忍受着长年病痛的折磨，但他们从没有放弃，都是默默地咬紧牙关继续坚持。我们不禁感叹，一个人只要有强烈的坚持不懈的追求，怀揣一颗赤诚的心，就能达到目的，走向成功。

多少次的失败是由于没有恒心而造就的，多少次的唉声叹气和遗憾是因为中途放弃而造成的，怨天尤人时，何不好好反省一下自己为什么会失败？在别人品尝胜利果实的时候，为什么自己只能品尝失败的苦果？

水滴石穿，持之以恒就没有滴水穿不透的石头。只有持之以恒地努力和奋斗才能走向成功，只有一颗永不泯灭的恒心才能让我们获得胜利。在人生遥远的征途中，具有锲而不舍的精神，付出10倍的努力外加一颗恒心，才能取得最终的成功。

甩掉你身体里的惰性

在狩猎活动中，只瞄准，不射击，不是好猎手；在战场上，只呐喊，不冲锋，不是好战士。一个人能否取得成功，不在于他学了多少、想了多少、说了多少，而在于他做了多少。

有些人有许许多多的梦想，实现梦想的心愿也很强，可就是一直都在原地踏步。他们总是不停地规划下个月要去哪里、明年要做什么，但就是仅仅停留在计划阶段而已，一年、两年过去了，也不晓得要到何时才会实现。其实，如果你马上去行动，你就会发现，每一天都可以是崭新的开始，你的机会就在现在。正如美国"汽车大王"福特所说："不管你有没有信心，只要你投入行动，去做就准没错。"

很多时候，我们的意志是决定成败的力量。如果不付诸行动，我们不可能取得成功。幻想可能毫无价值，计划可能付之东流，目标可能难以达到，一切的一切都可能毫无意义，除非我们付诸行动。

并非事情太困难使得我们不敢行动，而是我们不敢行动才使得事情困难。在很多情况下，都是思想决定我们的行动。但是，行动同样可以影响和控制思想情绪。为了成功，我们必须充分运用自己的个人力量，并且积极采取行动，让行动来证明我们的所思所想。

安东妮·吉娜是美国纽约百老汇最年轻、最负盛名的年轻演员，她曾在美国著名的脱口秀节目《快乐说》中讲述她的成功之路。

很多年前，吉娜是大学艺术团的歌剧演员。在一次校际演讲比赛中，她向人们展示了一个璀璨的梦想：大学毕业后，先去欧洲旅游一年，然后在纽约百老汇中成为一名优秀的主演。

当天下午，吉娜的心理学老师找到她，尖锐地问了一句："你今天去百老汇跟毕业后去有什么差别？"吉娜仔细一想：是呀，大学生活并不能帮我争取到百老汇的工作机会。于是，吉娜决定一年以后就去百老汇闯荡。

这时，老师又冷不丁地问她："你现在去跟一年后去有什么不同？"吉娜苦思冥想了一会儿，对老师说，她决定下学期就出发。老师紧追不舍地问："你下学期去跟今天去，有什么不一样？"吉娜有些晕了，想想那里金碧辉煌的舞台和在她的睡梦中萦绕的红舞鞋……她决定下个月就前往百老汇。

老师继续追问："一个月以后去，跟今天去有什么不同？"吉娜激动不已，她情不自禁地说："好，给我一个星期的时间准备一下，我就出发。"老师步步紧逼："所有的生活用品都能在百老汇买到，你一个星期以后去和今天去有什么差别？"

吉娜终于热泪盈眶地说："好，我明天就去。"老师赞许地点点头说："我已经帮你订好明天的机票了。"

第二天，吉娜就飞赴全世界音乐剧中心——百老汇。当时，百老汇的制片人正在酝酿一部经典剧目，几百名来自世界各地的艺术家前去应征主角。当时的招聘步骤是先挑出 10 个左右的候选人,然后,让他们每人按剧本的要求演绎一段主角的念白,这意味着获选者要经过两轮艰苦角逐才能胜出。

吉娜到了纽约后,并没有急于去漂染头发、买靓衫,而是费尽周折地从一个化妆师手里要到了将排练的剧本。这以后的两天中,吉娜闭门苦读,悄悄演练。正式面试那天,吉娜是第一个出场的,当制片人要她说说自己的表演经历时,吉娜粲然一笑说:"我可以给您表演一段原来在学校排演的剧目吗?就一分钟。"制片人同意了,他不愿让这个热爱艺术的青年失望。

制片人听到传进自己耳朵里的声音竟然是将要排演的剧目对白,而且,面前的这个姑娘感情是如此真挚,表演得如此惟妙惟肖,他惊呆了!他马上通知工作人员结束面试,主角非吉娜莫属!

就这样,吉娜顺利地进入了百老汇。生活就是这么不可思议,很多人只知道把自己的理想定得比天还高,却从来不肯付诸行动,而吉娜在老师的启发下,撇开了所有的展望和等待,大步流星地去投奔心中的艺术殿堂。正是吉娜的立即行动,使她获得了成功。

不管我们将来要从事哪种行业,都应该立即行动。请记住美国励志大师奥格·曼·狄的那些震撼人心的经典语句:

我的幻想毫无价值,我的计划渺如尘埃,我的目标不可能达到。一切的一切毫无意义——除非我们付诸行动。

我现在就付诸行动。一张地图,不论多么详尽,比例多么精确,它永远不可能带着它的主人在地面上移动半步。一个国家的法律,不论多么公正,永远不可能防止罪恶的发生。任何宝典,包括我手中的羊皮卷，都永远不可能创造财富。只有行动才能使地图、法律、宝典、梦想、计划、目标具有现实意义。行动像食物和水一样，能滋润我，使我成功。

一定要把"立即行动"当成一种习惯，好比呼吸一般；成为本能，好比眨眼一样。这样，我们就能调整自己的情绪，迎接失败者避而远之的每一次挑战。

成功不是等待，你一旦有所迟疑，它就会投入别人的怀抱，永远弃你而去。此时，此地，此人，我现在就付诸行动。

梅兰芳是怎么"炼成"的

我们看过很多古代工匠的故事，往往会觉得他们不够聪明，因为明明有更好的办法，他们却弃之不用，而是选择那些费力费神、效率低下的办法。例如"李白和磨针老婆婆"的故事，很多人看后都奇怪老婆婆为啥要用一根大铁棒来磨针，却不一开始就打成小铁棍再磨细呢？那不就省事多了？后来才知道，以李白的聪明，他肯定马上就会发现用小细铁棍来磨针会比用一根大铁杵来磨要容易得多，但他没有钻这个牛角尖，只是被"但需功夫深"5个字打动，返回学校去了。

他从这5个字中理解了"笨功夫"的"真作用"！世人都喜欢讨"巧"，因为"巧"能让人省力省心效率高，但有些东西，不下笨功夫是绝对不行的，讨巧炫技更不可行。真正的硬本事、真功夫，非下"笨"力气不可，这是所有成功者共同的秘诀。

民间有句俗话："台上一分钟，台下十年功。"演员在舞台上就表演那么一分钟、半分钟，可是在下面要经过长时间的艰苦磨练。

那些具有很高的艺术成就的大师们，有哪一位不是下了很大的笨功夫才练成一身硬本事？京剧艺术大师梅兰芳小时候拜师学艺，学的是旦角，唱、念、做、打都要模仿女性。他的先天条件不好，眼中没有灵气，眼神黯淡；嗓子有问题，声音不亮堂；脑子不聪明，学东西慢。但他就是舍得下功夫学，就是痴迷于京剧。

他学东西慢，就笨鸟先飞，以勤补拙。正常的一段唱，从头一句到最后一句，别人一天唱几遍就休息，梅兰芳是一遍又一遍地记词，揣摩唱法，再练上30遍。练的时候旁边放30个铜钱和一个碗，唱一遍扔一个铜钱，30个扔完了才算完。这样反复地磨，从而形成机械性记忆，唱词了然于胸，就是靠笨功夫记住的。

嗓子也是靠笨功夫练出来的。梅兰芳嗓子不行，师傅带着他每天早晨跑步，增加他的肺活量，舒筋活血后，再扬嗓子练唱，天天如此，一练就是好多年。经过刻苦练习，他终于练出了圆润甜美的嗓音。

最难练的是眼神。梅兰芳原来是死鱼眼神，要让眼睛炯炯有神，怎么练呢？师傅想了一个办法，就是白天晚上都在墙上挂个东西，让梅兰芳眼睛盯着不动，盯一会儿师傅会拉绳，让它来回晃，让梅兰芳仍用眼睛死死地盯住。这是非常辛苦的，练一会儿眼睛就又酸又胀，时间再长眼睛就会又红又肿，直淌眼泪。

为了练眼力，他养了几只鸽子，鸽子停、落、飞、走，眼睛都必须盯着。他还常常注视水中游动的鱼儿。如此，渐渐地，他那双眼睛变得灵活起来。经过不懈的努力，灵动的眼神练出来了。后来，梅兰芳一上台，大家都会被他那双顾盼有神的眼睛吸引，但有几个人知道这灵动的眼神也是靠下苦功夫、笨功夫练出来的呢？

国学大师钱穆说："古往今来有大成就者，诀窍无他，都是能人肯下笨劲。"胡适也说："这个世界上聪明人太多，肯下笨功夫的人太少，所以成功者只是少数人。"这不仅是评价别人，也是对他们自己的人生的真实总结。

钱穆，聪敏早慧，博闻强记，享有"神童"之誉。但他从不以聪明自恃，而是几十年如一日地写读书笔记，一丝不苟地查抄资料，每日读书写作长达10个小时左右，踏踏实实地钻研学问。学者张自铭评价他道："辛亥以还，时局屡有起伏，先生未尝一日废学辍教。"历史学家孙国栋说："钱先生研究、讲学、教育、著述兀兀80年未尝中断，这番毅力精神旷古所无。而学问成就规模之宏大，实朱子以后一人。"钱穆的小老乡钱钟书，绝顶聪明，少人能比，但做起学问来却从不偷懒耍滑。进入清华大学后，"横扫清华图书馆"，每日都泡在图书馆里，抄抄记记，梳理钩沉，甘之如饴。他的一部《管锥编》引述4000位名家的上万种著作中的数万条书证，汪洋恣肆，博大精深。那正是他下了一辈子笨劲的结果。难怪钱钟书谈治学心得时说："越是聪明人，越要懂得下笨功夫。"许多大学问家、大文学家，做的是学问，骨子里流淌的是和匠人如出一辙的踏实作风。他们将简单的事情重复做，成就了其高手的地位，经历无数次的重复，就是肯花"笨功夫"，来练就"真功夫"。实际上，和钱穆、钱钟书一样，许多卓有成就的科学家和艺术家身上，也带有明显的工匠烙印，他们下笨劲最多，所以功夫也最扎实。

陈景润摘取哥德巴赫王冠上的明珠，靠的是长年累月一点一滴地演算推进，几大麻袋演算纸是最好的例证。杨振宁、李政道为了证实宇称不守恒定律，一遍又一遍地重复枯燥的实验，一连几个星期都不出实验室。爱迪生为了选择合适耐用的灯丝，先后试验了1600多种不同的耐热材料，这种不厌其烦的精神、不怕重复的"笨劲儿"，终于使他获得成功，给人类带来了光明。

匠心：成就卓越的力量

现在的相当一部分年轻人，讲究轻松、体面，既想挣大钱，又不肯下功夫、出苦力，而且不能正视自己的能力，好大喜功，凡事都想找窍门、走捷径，浅尝辄止，如此，如何能练得出真功夫？有的人说写小说是件很轻松的事，作家坐在书斋里，海阔天空，信马由缰，只要有点聪明劲儿就行了。殊不知，写小说也需要下笨功夫，一个字一个字地写，一遍又一遍地修改增删，四处查阅资料，没有捷径可走。刘震云 20 多岁就成名了，但他在接受采访时说："在我看来，重复的事情不停地做，你就是专家；做重复的事特别专注，你就是大家。就这么简单。"作家二月河在回答记者"成功的秘诀"时说："我写小说基本上是个力气活，不信你试试，一天写上十几个小时，一写 20 年，怎么着也得弄一点东西出来。"如此的"笨功夫"，无论在任何岗位上都是要大力提倡和推广的。

下笨功夫就是在量上实现积累。量的积累到了一定的程度，就必然发生质的飞跃。有了质的飞跃，就有了阶段性的成功。当一个人经常性地做一件事情的时候，思维和生理就会越来越适应做这件事。当思维和生理的适应成为一种本能时再做这件事，就能自然而然地做好，这就是常说的熟能生巧。相反，如果做得少，就会在思维和生理上不适应，也就永远做不好这件事，进而就失去了成功的机会。

"铁杵磨成针，功到自然成。"这是说练笨功夫的重要性。也有人说："持之以恒不冷热，上乘功夫自然得。"我们应该实事求是地剖析自己，在工作中做得怎么样，下真功夫了没有？如果自己工作数年而无成就，是不是因为没有练就真本事？特别是年轻人更应剖析自己，杜绝投机、偷奸耍滑的念头，做到踏踏实实、一丝不苟、精益求精。

不论干什么，要想取得成功，都得像钱穆说的那样，"能人偏下笨功夫"。如此肯下笨功夫，一定可以练就真本领。

　　匠人们就是凭着将简单的事情重复做的"笨劲"，把简单的动作练到极致，才打造了其产品的极致与完美。我们不是也应该在自己的岗位上出点"笨力"，下点"笨功"以练就真功夫吗？

脚踏实地是工匠的品质

真正的工匠把工作当信仰，踏实、稳重、坚定、干练，对工作一丝不苟，精益求精，追求极致与完美。在他们身上闪现的是执着和坚守，从无半点心浮气躁的影子。

浮躁是一种不良情绪，让人心烦意乱，无法专心于一件事；浮躁是一种坏习惯，让人不再稳重踏实，变得急功近利；浮躁是一种愚昧，让人盲目行动，失去理智。本质上说，浮躁其实是一种无所适从的生活状态，是现在社会的一种通病。正所谓："浮者，根基不牢也；躁者，耐性不足也。"浮躁对一个人做人成事都是有百害而无一利的。我们必须杜绝浮躁心态，以求做人、做事的成功。

很多天资很高的年轻人，就是因为浮躁而荒废了青春，成为一个碌碌无为的人，有的甚至一辈子一事无成。

孔子说："欲速则不达，见小利则大事不成。"培根说："名声是条河流，轻浮和空虚的东西漂游在上，而沉重和坚实的东西下沉到河底。"浮躁者的双手永远托不起事业的辉煌，浮躁者的双脚永远踏不上成功的顶峰。综观古今中外，凡成大事者，几乎都具备沉稳的性格，经得起诱惑，耐得住寂寞，无论在什么环境中都能坚持操守。理智使人清醒，浮躁使人狂妄；成功远离浮躁，而失败往往更亲近浮躁。

浮躁是现代人的一种流行病。浮躁之人往往对人生信念不明晰，对生活真谛不了解，虽整日忙忙碌碌，却没什么进展。这一点在年轻人身上表现得更为明显。很多年轻人刚进入社会，心态浮躁，再加之适应能力差，涉世经验少，又不善于自我调节，常常是眼高手低，既想找个轻松工作，又想工作报酬高，可现实往往不尽人意，于是浮躁心态更加严重，形成恶性循环。

今天，有许多人对虚荣、利益之心按捺不住，使人生失去扎实的根基，激情退化，情感失态。他们做事轻率，在心理上表现为冲动、盲目；在情绪上表现为急躁、急功近利；在行动上表现为缺乏理智、盲目冒进。做什么事都满足于差不多，工作不求细致，毛毛糙糙；好大喜功，追求场面，甚至吹牛吹破天；有点成功就马上要求回报，否则就觉得吃亏和划不来……所有这些都是浮躁的具体表现。

浮躁的人在做事的时候，往往安不下心，他们刚埋下种子，便急不可耐地等着丰收；他们只想做花不愿当叶，更耐不住做根的寂寞。一屋不扫，却想扫天下；尚未学步，便想天马行空。这样的人怎会有所成就呢？

现实社会中，不少人在学习上不求深入，坐不住、心不静、思不专；在工作上眼高手低，不勤奋、不刻苦、不投入，看什么都简单，却不知道如何去做，不屑于认真去做，一旦去做，什么都做不好。他们做事急功近利，名利当头，哪里露脸就往哪里钻，哪里利高就往哪里去，他们往往追求表面的浮华和短期利益。这样的人，通常做人玩世不恭，无责任感，无使命感，对一切都觉得无所谓。这样的心态是匠心的大敌。在通往成功的

匠心：成就卓越的力量 > > >

路上，我们要拒绝浮躁，静下心，沉住气，把工作做扎实并不断精进，因为真正的大匠、能匠，都是沉稳且坚定的人。

达·芬奇画鸡蛋不是一次次随心所欲地乱涂鸦，在失败时，他脚踏实地认真练习，耐得住寂寞，执着坚持，审视自己的不足，苦练基本功，终于成为世界上赫赫有名的画家。越王勾践在遭到失败后并没有心灰意冷，而是忍辱负重，咬牙坚持，才有了"苦心人，天不负，卧薪尝胆，三千越甲可吞吴"的千古传奇。

内心的平静，是成功者的必备素质。居里夫人连续两次获得诺贝尔奖，她潜心研究镭，让这种神秘的放射性物质渐渐为人类所了解。她坚持一生的研究，总是那么仔细严谨。正因为她拒绝浮躁，具有平静的心态、一丝不苟的精神，才获得了最后的成功。

鲁迅先生身处一个落寞的年代，对于人们的麻木不仁充满愤怒和惋惜，于是毅然弃医从文，誓要用文学治疗国人的心病。他不断发自心底地呐喊，是为唤醒那些在敌人的屠刀面前麻木的人。他用自己的笔唤起国人的觉醒，他用独特的风格，严厉地批判着黑暗、丑恶的一切。

沉稳扎实，永不浮躁，成就了一个"横眉冷对千夫指，俯首甘为孺子牛"的伟大的思想家和文学家。

由此可见，真正伟大的匠人都有一颗沉稳而坚定的匠心。

"淡泊以明志，宁静以致远"。人生如海，潮涨潮落，保持一颗宁静的心不容易，要达到"猝然临之而不惊，无故加之而不怒""不以物喜，不以己悲"的境界那就更难了。首先，要拒绝虚荣心，要常给自己的心冲个凉，给头脑降降温，看淡荣辱得失；其次，要远离名利的诱惑，摒弃急功近利的心理；再次，要强迫自己坐下来，静下心，认真地剖析自己，正确地看待别人，冷静地分析事物的利弊，找准自己的目标与位置；最后，要认真做好身边每一件小事,在平凡的生命历程里发掘自我的潜力。为此,不妨多读点书,给自己充充电,从书中吸取人生的哲理,让知识和技能充实自己心灵的空间,以实现自身的人生价值。

我们要拥有一颗匠心,踏踏实实地做人做事。拒绝浮躁就能够离成功更近一步,就能够使生命之花绽放,就能看得见未来,成就未来。

匠人最珍贵的是行动

传承工匠精神，就要学习匠人对工作充满激情，对技术精益求精，对产品追求极致，穷尽一切力量只为做到最好的精神。

众所周知，我国只是一个制造大国，而并非制造强国。工人数量众多，但真正意义上的匠人却屈指可数。从字面上看，"工人"和"匠人"之间只有一字之差，但二者的意义却有天壤之别。现如今，一些贴有"中国制造"标签的商品在国外成了粗制滥造的代名词。之所以出现这种现象，其主要原因就是制作者缺乏工匠精神，未能做到精细制造。

工匠精神是一种热爱工作的职业精神，也是每个员工都应当拥有的基本的工作素养。干一行，爱一行，才能真正把自己的工作干好，这种热爱正是推动社会进步的动力。

港珠澳大桥连接珠海、澳门和香港，是迄今为止世界上最长、施工难度最大的跨海大桥。因为要避让空中航线和海面货轮，大桥两头是桥面，中间建设一条长5.6千米的海底隧道。在茫茫大海中修建一条长5.6千米的海底隧道，长度、规模、施工工艺都属我国首次尝试，难度很高，因此，经验丰富的老技师们面临着全新的挑战。考虑到地质条件和生态保护的要求，港珠澳大桥的海底隧道并没有采用传统的挖掘作业，而是用33节水泥沉管在海底一一对接而成，要求不差分毫。一节沉管长180米，宽38米，高11.4米，重量近8万吨，相当于8万辆小轿车的重量。这么重的东西下沉到四五十米的深海中与另一根对接，误差要以毫米计算，可以说是在海底绣花、走线穿针。海底隧道完全封闭，大型机械无法进入，对接时只能依赖事先安装好的各种设备操作，这样的难度要求工人对自己负责的工作更加严谨、精确。在无数匠人的努力下，大桥成功对接。如今，港珠澳大桥横跨海面，成为一道亮丽的风景，成为令世人瞩目的伟大工程。

匠人们就是以精益求精的态度来完成自己的工作，他们对于自己制造的产品，永远不满足。在他们的心目中，产品没有最好，只有更好，因而他们的目光永远看向前方，盯着未来，他们的技术水平会越来越高。

具备了这种精神，事业才会有所成就。古往今来，事业上有所成就者，大凡离不开两条因素：一是强烈的事业心和责任感，二是锲而不舍的勤奋和努力。匠心在很多大师级人物的身上都有所体现。例如，我国文学巨匠曹雪芹"披阅十载，增删五次"，终于写成旷世巨著《红楼梦》。

有匠心，就具备了优秀的职业精神，也就有了道德闪光点。它是坚守，是踏实，是专注，是热忱。具有匠心的人，服从集体，能弃小我而成就大我；具有匠心的人，崇尚事业，饱含激情，做事效率极高；具有匠心的人，胸中有一种积极向上的力量，如暖阳般温暖着身边的每个人。

互联网时代的我们，应该更加清醒地认识到工匠技艺和匠心精神的重要性，本着对技艺的执着追求和对职业的极大热爱，勤于钻研，精益求精，潜心坚守，从而全面提升自己，争做最优秀的员工。

首先，要脚踏实地，甘愿做个平凡的人。

匠心：成就卓越的力量 >>>

　　我们选择了一份工作，就要安心于自己的本职，踏踏实实做人，认认真真做事。每个人都希望自己是千里马，驰骋疆场；是海燕，搏击风雨。总想活得轰轰烈烈，这并没有什么不对。但是，对于身处生产、销售一线的员工来说，做好本职工作应当是最重要的目标。总是梦想一夜成名，一夜暴富，是不可能把自己的工作做好的，更不可能成为一名技术精湛的匠人。只有树立切实可行的目标，踏踏实实，一步一个脚印，才能真正做好工作。而且，做人应该"出得来，进得去""拿得起，放得下"，自强不息，乐观进取，在平凡中锤炼自己的技艺，在逆境中锻炼自己的胆识。要想做有成就的人，就要先从平凡的人做起。做一个脚踏实地的平常人，怀着感恩的心，做好每一件小事，把平凡的工作干得不平凡，才能实现自己的人生价值。

　　其次，要立即行动，把当下的工作做好。

　　对自己的工作有高度的责任心，在其位，司其职，用心做好每一件事，关注细节的把控，以良好的品质、坚持到底的恒心和"道虽通不行不至，事虽小不为不成"的态度，做好当下的每一份工作。

　　最后，要不断学习，做个永远精进的人。

　　不断学习，让自己每天都有进步。佛经里把努力向上叫作"精进"，告诫世人要上进，不可懈怠。人要成就伟业，就需要日日精进，不可走走停停。当今世界，竞争激烈，只有坚持学习、不断进步的人，才不会被飞速发展的时代抛弃、淘汰。

　　人要善于实践，在实际的行动中发现不足。如果只思考，而不付诸具体的行动，那再完美的思想都只不过是一张"图纸"。只有行动了，实践了，才有可能实现想法。

　　有一位顶尖的推销员，他的月销售额突破100万美元，当时他才27

岁，而他 20 岁的时候还在餐厅洗盘子。有人问他成功的秘诀是什么，他说："从早上 6 点开始工作，直到晚上昏睡在床上为止。"其实就是告诉大家从早上一睁开眼就要开始行动，一直干到晚上睡觉。

他每天拜访 10 个左右的客户，每天如此，这样持续了 7 年。事实证明，所有的思想必须化为行动，只有行动了，实践了，才会产生成果。

匠人还要乐于改变，善于创新。改变的过程，是一个打破旧我、重塑新我，再打破、再重塑的过程。蜕变的过程是痛苦的，而重塑后的成功、成长是快乐的。改变，必须是正向的改变。传承和发扬匠心，是每个追求卓越的人都会选择的路。认真钻研，创造出独具匠心的作品，才能得到社会的认可，从而获得担当更大责任的机会和实现个人价值的广阔舞台。

我们每个人都要以工匠精神时时勉励自己，思考、改变、行动，不断精进，全力以赴并坚持到底。学习匠人为工作一丝不苟、执着坚守的职业精神和精雕细琢、精益求精的工作态度，追求极致与完美的人生境界，努力提升自己的素质，做新时代的优秀匠人。

匠心：成就卓越的力量 > > >

敬业尽责，累积生命的厚度

一份英国报纸上刊登了一则招聘教师的广告："工作很轻松，但要全心全意，尽职尽责。"事实上，不仅教师职业有此要求，所有的工作都是全心全意、尽职尽责地去做才能做好。这正是敬业精神。

一个人无论从事何种职业，都应该尽心尽责，尽自己最大的努力，求得不断的进步。这不仅是工作的原则，也是人生的原则，如果没有了职责和理想，生命就会变得毫无意义。那些在人生中取得成就的人，都在某一特定领域里进行过坚持不懈的努力。

知道如何做好一件事，比对很多事情都懂一点儿皮毛要强得多。得克萨斯州有一所学校，一位名人在来这里做演讲时对师生们说："比其他事情更重要的是，你们需要知道怎样将一件事情做好；与其他有能力做这件事的人相比，如果你能做得更好，那么，你就永远不会失业。"

一个成功的经营者说："如果你能真正制好一枚别针，应该比你制造出粗陋的蒸汽机赚到的钱更多。"许多人都曾为这个问题而困惑不解：明明自己比他人更有能力，但是成就却远远落后于他人。不要疑惑，不要抱怨，应该先问自己一些问题：自己是否真的走在前进的道路上？自己是否像画家仔细研究画布和颜料一样，仔细研究所在的职业领域的各个细节？为了增加自己的知识，或者为了给公司创造更多的价值，认真阅读过专业书籍吗？在自己的工作领域，是否做到了尽职尽责？如果你对这些问题无法做出肯定的回答，那么这就是你无法取胜的原因。如果一件事情是正确的，那么就大胆而尽职地去做吧！如果它是错误的，就干脆别动手。

那些技术半生不熟的泥瓦工和木匠，将砖石和木料拼凑在一起建造的房屋，在尚未售出之前，有些已经在暴风雨中坍塌了；术业不精的医科学生不愿花更多的时间学好技术，结果做起手术来笨手笨脚，置病人于极大的生命危险之中；律师不注意培养自己的专业能力，办起案件来无力应付，让当事人白白花费金钱……这些都是缺乏敬业精神的表现。

"无论从事什么职业，都应该精通它。"让这句话成为你工作的座右铭吧！下决心掌握自己职业领域的所有技能，使自己变得比他人更专业。如果你是工作方面的行家里手，精通自己的全部业务，就能赢得良好的声誉，也就拥有了成功的秘密武器。

一个年轻人就个人努力与成功之间的关系请教一位伟人："你是如何完成如此多的工作的？""我在一段时间内只会集中精力做一件事，但我会彻底做好它。"如果你对自己的工作没有做好充分的准备，最需要做到的就是精通它，让自己成为这个领域的权威，那么你离成功也就不远了。

大自然经过千万年的进化，才长出艳丽的花朵和饱满的果实。有些年轻人随便读几本法律书，就想处理一桩桩棘手的案件；或者听了几节医学课，就急于去做外科手术——要知道，那个手术可维系着一条宝贵的生命！一旦在学生时代养成了心不在焉、懒懒散散、敷衍了事的坏习惯，考试时运用一些小伎俩来蒙混过关、欺骗老师，步入社会后，就不可能出色圆满地完成任务。工作上总是不能按时按质地完成任务，那你就很难得到加薪升职；与人约会时总是迟延，会让人很失望，认为你不守时，以后就很难有再合作的机会。如果一个人认为小事情不值得认真对待，那么他在做著书立说的大事时，必定漏洞百出。一些人从来不会认真地整理自己的论文和书信，文稿和信件散乱地堆放在书桌上，他们办事时就缺乏条理，不讲究秩序，思维也不缜密，结果连自己最基本的立场、原则和态度都会丧失，也会失去他人的信任。

这种人注定会以失败收场，家人和同事也会为他们感到沮丧和失望。如果他们成为领导，将会造成更恶劣的影响，其下属也必定会受这种恶习的传染——当他们看到上司不是一个精益求精、细心周密的人时，往往会群起而效仿。这样一来，个人的缺陷和弱点就会渗透到整个团队中，影响公司和事业的发展。

一位成功的企业家说："如果有事情必须做，便全身心地投入去做，不论你手边有何工作，都要尽心尽力地去做。"做事情无法善始善终的人，不会培养自己的个性，意志无法坚定，无法达到自己追求的目标，一面贪图玩乐，一面又想事业有成，自以为可以左右逢源，到头来享乐与事业两头都会落空。

做事一丝不苟的人能够培养严谨的品格，获得超凡的智能，他们既能带领更多的人往好的方向前进，也能鼓舞优秀的人跟随他们追求更高的境界。

无论做何事，务必竭尽全力。一个人一旦领悟了全力以赴地工作能消除工作带来的辛劳这一秘诀，他就掌握了打开成功之门的钥匙。时时以主动尽职的态度工作，即使从事最平庸的职业，也能增添个人的荣耀。

真本领来自于勤奋

世界上的事,从来都是一份耕耘一份收获。怕吃苦,图安逸,是成不了大事的。试想,哪位杰出人物不是吃得人间许多苦才脱颖而出的。

欧洲文艺复兴时期的艺术大师米开朗琪罗这样评价另一位了不起的天才人物拉斐尔:"他是有史以来最美丽的灵魂之一,他的成就更多的是得自于他的勤奋,而不是他的天赋。"当有人问起拉斐尔怎么能创造出这么多奇迹一般的完美作品时,拉斐尔回答说:"我在很小的时候就养成一个习惯,那就是从不要忽视任何事情。"这位艺术家去世的时候,整个罗马为之悲痛不已,罗马教皇利奥十世也为之哭泣。拉斐尔终年只有37岁,但他竟留下了207幅油画作品、500多张素描,其中一些绘画每一张都价值连城。对那些懒惰散漫、游手好闲、工作学习不求进取的年轻人来说,他是个多好的榜样啊!

美国传媒大亨泰德·特纳经常引用老师对他的劝告,他的老师约舒·雷诺德常说:"那些想要超过别人的人,必须每时每刻都努力,不管愿不愿意。他们会发现自己没有娱乐,只有艰苦的工作。"工作确实艰苦,但是是特纳自己喜欢的事情，并且为他带来了丰厚的回报。

有人说科比·布莱恩特是一位篮球天才，科比却反问对方："你见过洛杉矶早晨4点钟的样子吗？"意思是说，他的成功完全出自于勤奋。2013年4月，美国一位知名的训练师罗伯特·阿勒特出版了《我和科比的训练故事》一书，对科比的勤奋进行了详细的描述。书中有这样一个故事：在备战2012年伦敦奥运会期间，罗伯特·阿勒特和美国男子篮球队一同来到拉斯维加斯。

那是队员们开始合练的前一个晚上，已忙碌到深夜的罗伯特正准备上床休息时，他的手机响起来了。而这时已是凌晨3:30。该没有什么意外发生吧？罗伯特有些紧张地接听电话，原来是科比打来的。"罗伯特先生，希望没打扰你。"科比礼貌地说道，没有一点大腕的架子。罗伯特尽管困得快要支持不住了，但仍然很客气地说："怎么会打扰呢。科比，有什么事吗？"电话那头，科比很有礼貌地说："我想知道，你是否能帮我做会儿体能训练？""当然，一会儿在训练馆里见！"罗伯特挂了电话，匆匆往训练馆赶，他想，不能让科比在那儿等着。

到了训练馆，罗伯特吃了一惊，科比不知是什么时候到达那里的，只见他已训练得浑身被汗水湿透了，仿佛刚从水中爬起来一样。

罗伯特故意装出一副很有精神的样子，科比说："要辛苦你了，我们开始吧。"在罗伯特的指导下，科比用了1小时15分钟进行体能训练。然后是45分钟的力量训练。时间已快到早上6:00。罗伯特觉得实在坚持不下去了，说："对不起，我要回酒店休息一下。"科比说："让你辛苦了，谢谢你！也好，我去练投篮。"

按照安排，上午11:00，只休息了4个多小时的罗伯特去训练馆指导全队进行合练。当他到达训练馆时，已到齐了的队员们有的在聊天，有的在和教练讨论着什么，可科比仍然在满头大汗地练习着投篮。"你啥时候结束呢？"罗伯特特别感动地说。科比反问道："结束什么呢？"罗伯特说："投篮训练。"看着手中投出的篮球划了一个弧，稳稳落入篮框内，科比说："这就结束了。"那是他那天投中的第800个球。

罗伯特书中的这个记载，只不过是科比漫长运动生涯中的1天、1个片段。其实自从进入NBA后他每天都是这样，当大多数人还在睡梦中时，他已出现在湖人队的训练房中了，不过很少有训练师在一旁指导。

科比每天都有进步，那时他的目标是不投中800个球不停止，如今在同样的时间内他已能投中1000个球了。

"你为什么能获取这么大的成功呢？"记者问。"你知道洛杉矶每天早上4:00是什么样子吗？"科比反问道。记者摇摇头："不知道。那你说说洛杉矶每天早上4:00究竟什么样儿。"科比挠挠头，说："满天星星，寥落的灯光，行人很少。"说到这儿，科比笑了："究竟怎么样，我也不太清楚。但这没有关系，你说是吗？洛杉矶每天早上4:00仍然在黑暗中，我就起床行走在黑暗的洛杉矶街道上。1天过去了，洛杉矶的黑暗没有丝毫改变；2天过去了，黑暗依然没有半点改变；10多年过去了，洛杉矶街道早上4:00的黑暗仍然没有改变。但我却已变成了肌肉强健、有体能、有力量、有很高投篮命中率的运动员。"从科比的这番话，我们不难明白科比能在比自己年轻10岁的年轻队员头上扣篮，创出单场比赛81分的个人纪录等"神话"的原因了。

是的，科比本身就是一部励志书，他的运动生涯再一次证明了"天才出于勤奋"的普遍性和必然性。

你不努力，就活不出被别人羡慕的样子。一位朋友对大律师费斯·乔特说："那么多偶然成功的例子真是让人觉得很不错。"这位伟大的律师怒道:"简直是胡说!你还不如把希腊字母丢在地上,指望着拣起来就成了伟人的史诗《伊利亚特》呢!"坐等好事发生,就好像等着月光变成银子一样是妄想。这些想法却往往成为懒惰者的借口。

美国伟大的政治家亚历山大·汉密尔顿曾经说过:"有时候人们觉得我成功是因为自己的天赋,但据我所知,所谓的天赋不过就是努力工作而已。"美国另一位杰出的政治家丹尼尔·韦伯斯特在70岁生日时谈起他成功的秘诀:"努力工作使我取得了现在的成就。我在一生中,从来没有哪一天不在勤奋地工作。"勤奋工作被称为"使成功降临到个人身上的信使"。

第五章
最缺乏的其实是态度

《诗经》中有"有匪君子，如切如磋，如琢如磨"之句。虽然说的是君子的自我修养，但其实也论述了匠人之道。当我们高呼要从"中国制造"向"中国创造"跃升时，不可忽略品质的提升与用心营造。是否具有匠心，在很大程度上决定了你能走多远。

梦想是种神奇的力量

在人类发展史上,最有贡献、最有价值的人,就是那些富有梦想、目光远大,并尽全力付诸实施的人。正是这些人推动了社会的进步。

史蒂芬森年轻的时候只是一个贫穷的矿工,但他有一个制造火车机车的美丽梦想,并努力使之变成了现实,从而使人类能更加便捷地在各地之间往返,运输货物的能力也空前地得到提高。

以前,孤独的船只在远洋航行时,一旦遇到灾难,常常求救无门。人们梦想这种情况有一天可以改变。马可尼让这个梦想实现了,他发明了无线电,由此拯救了万千生灵。

梦想有时具有神奇的能力。梦想对人类来说是无价的,是支撑人类社会向前发展的重要推动力。人一旦有了梦想,即使前方荆棘密布,他前进的脚步也难以被阻挡。中国人常怀梦想,不管现在的生活多么穷困潦倒、苦难不幸,都不会轻易地向命运屈服,而愿意相信美好的生活就在后面,好日子终会来到。很多工厂的学徒,都幻想有一天可以成为师傅,去教导别人;很多生活极度拮据的人,梦想自己有朝一日会成为百万富翁……正是因为有了梦想，人们体内的智能、勇气才会被最大限度地激发，人们才更加努力拼搏，以实现光彩夺目的目标。

在美国的田纳西州，约翰·坦普登度过了高中时代。在这里，他萌生了梦想：有朝一日成为一家大公司的首脑人物。这个10多岁的小男孩，从此开始为了自己的梦想而努力。

进入耶鲁大学之后，约翰的眼界更加开阔了，他的兴趣从经营一般企业转移到研究评估公司财务方面。没想到不幸却在这时降临到他的头上，大学二年级时，他的父母再也拿不出钱供他念书了，约翰陷入了面临两难选择的境地：或者休学就业，或者半工半读。为了实现自己的梦想，约翰想无论如何也要坚持到毕业。

约翰用奖学金和兼职付清了学费，并且取得了很好的成绩。3年后，约翰获得了经济学学士学位，还获得了著名的罗德奖学金。此后的两年，他在英国牛津大学攻读硕士学位，这对他将来从事财经工作大有帮助。

毕业后，约翰回到纽约，开始追求自己的目标。不久，他看到一则招聘启事，有一家地理勘察公司征聘年轻上进的财务经理。约翰认为这家公司能让他学到更多有关财务经营方面的东西，于是前去应聘。他很顺利地进了这家公司，并且一做就是4年。4年以后，这家公司的业务发展得非常稳定，约翰发展得也很不错，可他觉得在这里能学的都已经学完了，他应该寻找新的学习机会。

28岁的时候，约翰又一次面临重大选择。他所在的公司有一名资深职员要退休了，这个人有8个很有实力的客户，他愿意将这8个客户以5000美元转让给约翰。在当时，5000美元相当于约翰的全部财产，万一失败，约翰就会一贫如洗，而且还有一个严重的隐患，就是这些客户转过来后能否留住还不清楚。

这时，早年的梦想撞击着约翰的心扉，他自立门户的雄心战胜了一切，他接受了这8名客户，并且立即前往拜访，坦率而诚挚地向他们说明了自己的梦想与计划。客户们被他的热情与直率感动，都表示可以留下观察一段时间，后来，这8个客户一个没走，都留了下来。

在开始的两年里，约翰过得非常艰难，他的公司的经营情况也不佳。但约翰从来没有放弃过，反而越来越注重提升服务品质。后来，公司的境况慢慢好转，客户逐渐增多，业务蒸蒸日上。

现在，约翰是这家投资咨询公司的总裁，拥有资产近1亿美元，还兼任某大型互助银行的常务董事及一家数字公司的董事。他年轻时候的梦想真的变成了现实。

从约翰的经历，我们可以看出，仅有梦想是不够的，有了梦想，还要有坚持下去的毅力和决心，同时辅之以辛勤的劳作与不懈的努力，梦想才能变成现实。

梦想是指引人生前行的灯塔，具有无可比拟的精神力量。只要下定决心、付诸行动，你一定会有所收获！

一流目标造就一流的人生

所谓成功，就是实现既定的正确的目标。所以，成功的第一步，从设立目标开始。

如果你已习惯朝九晚五的上班族生活，按时上班、下班，日复一日，任凭岁月消逝，而满足于这种状态，那么你一定成不了大气。有积极人生观的人，绝不会满足于实现温饱，而是会让生活更有意义，天天充满拼搏的活力。有了这样的想法，再冷、再热的天气里，再苦、再累的工作，也会努力去完成，而当你养成了这个"习惯"后，你就离成功不远了。

在一个小山村里有一个小男孩，他的求学过程并不顺利。初中时，有一次老师叫全班同学写作文，题目是《长大后的志愿》。那晚，他洋洋洒洒地写了7张纸，描述他的伟大志愿，那就是拥有一座牧马农场，并且他仔细画出一张200亩农场的设计图，上面标有马厩、跑道等的位置，在这一大片农场中央，还要建造一栋占地400平方米的豪宅。

他花了好大心血才完成了作文，第二天交给了老师。两天后他拿回了作文，上面打了一个又红又大的F（英语中表示不及格），旁边还写了一行字："下课后来见我。"

脑中充满幻想的他下课后带上作文去找老师，问："为什么给我不及格？"老师回答："你年纪轻轻，不要老是做白日梦。你没钱，没家庭背景，什么都没有。盖座农场可是个大工程，你要花钱买地，花钱买纯种马，还要花钱照顾它们。"他接着又说，"如果你肯重写一个不那么离谱的志愿，我会重新给你打分。"

小男孩回家后反复思量，然后征求父亲的意见。父亲只是告诉他："儿子，这是非常重要的决定，你必须自己拿主意。"考虑几天后，他决定交回原稿，一个字都不改。他告诉老师："即使拿个不及格的分数，我也不愿放弃梦想。"

20多年以后，这位老师带领30个学生来到这个曾被他指责的男孩的农场露营一星期。离开之前，他对如今已是农场主的男孩说："说来有些惭愧，你读初中时，我曾给你泼过冷水。这些年来，我也对不少学生说过相同的话。但你有毅力坚持实现了自己的目标，现在我郑重收回曾经对你说过的话。"

奥格·曼狄诺曾说过："一颗种子可以孕育出一大片森林。"日籍韩裔富豪孙正义19岁时曾做过一个50年的生涯规划：

20多岁时，要向所投身的行业，宣布自己的存在；

30多岁时，要有1亿美元的种子资金，足够做一件大事情；

40多岁时，要选一个非常重要的行业，然后把重点都放在这个行业上，并在这个行业中取得第一，公司拥有10亿美元以上的资产用于投资，整个集团拥有1000家以上的公司；

50多岁时，完成自己的事业，公司营业额超过100亿美元；

第五章 最缺乏的其实是态度

60多岁时，把事业传给下一代，自己回归家庭，颐养天年。

现在看来，孙正义正在逐步实现着他的计划，从一个弹子房小老板的儿子，到今天闻名世界的大富豪，孙正义只用了短短的十几年时间。

人生如同赛跑，你必须知道终点在哪里，还要知道如何才能一直沿着最短的跑道不断冲刺。成功者和失败者的区别就在于成功者有明确的奋斗目标。当你确定好你的人生目标，才能成为一艘有航行目标的船。当你拎起第一桶金后，你会发现赚第二个100万比第一个100万简单容易得多。

许多人都有一种倾向，一旦实现了一个目标，就会有一种泄劲的感觉，不愿再努力，只想坐享其成。现代社会为人生的全方位发展提供了更为广阔的空间，所以积极进取的人在实现既定的目标之后，会为自己设立新的更高远的目标。你不要等到达到一个目标之后再去设定一个新目标，而应该在心中时刻想着新的目标，这样，每完成一个目标，你就知道下一个目标是什么，继续前进的方向在哪里，而不仅仅只是以第一个目标为目的地。

2004年1月19日上午，49岁的大连理工大学兼职教授王刚义在加拿大东部世界超级豪华巨轮"泰坦尼克"号遇难的"死亡冰海"中奋勇搏击了37分32秒，创造了人类挑战极限的新纪录。

从2000年起，他先后挑战南极冰海、智利大冰湖、韩国汉江、日本北海道等低温水域，创造了4项吉尼斯世界纪录，被誉为"世界冬泳之王"。

只要树立了目标，充分发挥自己的智慧和勇气，就有可能迈向成功。有些人经常说："我想要改变，我想要成功。"其实就是这样想上一百年、一万年，也永远改变不了现状，成功不了。"想要"和"一定要"是不一样的，一定要成功的人才会拿出行动，并坚持到底。因此，人生蓝图的心理动力是"我一定要成功"。

马云的创业态度

当代著名的精神病专家威廉·孟宁吉博士在第二次世界大战期间曾主持过陆军精神病治疗工作。他说:"在军队中,我发现了挑选和布置的重要性,即让适当的人去做适当的事的重要性,以及使人相信自己工作的重要性。一个对自己的工作毫无兴趣的人,会认为自己被安排在一个错误的职位上,会感觉自己怀才不遇,并由此导致情绪低落。在这种情况下,即使没有患上精神病,也会留下精神病的隐患。"事实正是如此,一个人如果不喜欢某样事物,被逼着去做某件事,那么效率一定是极低的,即使他迫于压力,最终完成了这件事,也不一定做得好。而对某项事物感兴趣的人,不仅能够高效率地完成任务,还能充分发挥自己的创造性,将事情做到最好。当一个人从事他所热爱的工作时,才最有激情,这种激情能够使一个人最大限度地发挥自己的才华。

马云原来不懂电脑,不懂管理学,他不仅不会随意高薪聘人,对新进来的人还会减工资,但是,在竞争激烈的互联网世界,马云不仅没有倒下去,还创造了一个神话。这是为什么呢?一位IT业的老总给出了答案:

"马云是一个很有想法的人,他知道自己想做的是什么,而且坚持去做了,所以,他做成了别人做不到的事。"

看看马云的成功历程,我们会发现这句话说得确实很有道理。创业之初,马云的教师生涯已经进入了"辉煌期",但这并不是他的追求。虽然当时他还没有找到真正的发展方向,但是他已经清楚,教学并不是他一辈子所追求的东西。后来通过创建"中国黄页",北上在国家经贸委工作学习一段时间,参加在新加坡举行的亚洲电子商务大会,马云真正明白了,互联网是他一生所钟情的东西,所以他又义无反顾地离开了国家经贸委。

马云懂得最感兴趣的才是自己最想做的,人只有做自己最想做的事情才有激情。马云对自身及外部环境进行了深入的剖析,他最终意识到,和其他互联网经营者不同,自己既没有丁磊那样的国内名校出身,也没有杨致远的海外留学经历,自己一直是草根阶层,这就注定了他的构想和当时其他的电子商务模式不同——不去做15%的大企业的生意,而是做75%的中小企业的生意。找到自己真正感兴趣的东西和方向后,马云开始了行动。

在2005年的亚布力会议上,马云说:"有人说只有具备了许多条件才能成功。一个人的成功是说不出来的,分析出来的人往往是在大学里写书的人,真正的实干家往往边说边做。北方企业家说:我要做什么,我能做什么?而南方企业家说:我该怎么做?今天我要告诉大家一个问题,就是任何一个企业家面对的问题都很多很多,但无论如何,你一定要做你最想做的事情。"做你最想做的事情,这不仅是马云给别人的建议,更是他自己的肺腑之言。马云对自己有着透彻的了解,他说自己性格非常外向,活泼好动,是个闲不住的人,比较喜欢和人打交道,喜欢冒险,喜欢做一些具有挑战性的工作。马云还坦言，自己具有很强的沟通和演说能力，这一点从他活泼的教学风格和成功拉拢许多企业老总加入"中国黄页"的经历都可洞悉到。

马云对自己能力的认识也是非常到位的，他常常强调自己的技术水平是0段，管理水平是9段。马云明白自身技术能力的缺陷，同时又极大地发挥自己的管理实力，打造了超豪华的管理和技术团队。

基于对自己的全面剖析和了解，马云找到了自己的兴趣所在，然后将所有的激情融入其中。当一个人将自己的爱好与激情结合起来的时候，他还有什么做不到的呢？

成功后，马云成了应邀在国外大学做演讲最多的中国企业家。在美国麻省理工学院的讲台上，他口若悬河的演说和"张牙舞爪"的手势，充分挥洒着激情，使很多企业毅然选择了与阿里巴巴合作；在哈佛大学的讲台上，他当着该校邀请的来自全球的250名优秀学生、750名政治界和经济界的权威人士的面，与诺基亚总裁激烈辩论，最终赢得了台下上千名听众长时间的起立、鼓掌，更为神奇的是，在听完演讲之后，有35名哈佛大学的MBA毕业生立即决定加入阿里巴巴。凭借激情，他既推广了阿里巴巴的市场美誉度，又招聘到了优秀的人才。

马云说："做你喜欢做的事，上帝会高兴地为你打开成功之门。"无数事实证明，只有做你热爱的事情，才能用饱满的激情去创造更多的价值。

霍华德中学时在一家餐馆做洗盘子、擦柜台、卖冰淇淋的兼职工作。这份工作枯燥无味，霍华德就想把这份无聊的工作变得有趣一些。于是，在别的男孩玩球、追女友时，他研究冰淇淋的成分、制作方法及为什么有的冰淇淋比别的好吃。他对冰淇淋化学成分的研究使他的高中化学成绩非常优异，他也渐渐对食品化学产生了兴趣，后来考上马萨诸塞大学专攻食品技术。在纽约的可可公司举办的可可及巧克力应用的有奖征集活动中，他获得了头奖。

毕业之后，由于工作难找，他就在自己家的地下室开了一个私人实验室，接受了附近14家牛奶公司的委托，为他们计算牛奶中的细菌数目。25年后，霍华德成为这个行业中的佼佼者。

霍华德的事例证明，真正热爱工作的人，会将自己的全部精力投入其中，他们不仅收获快乐，也收获成果。当工作成为一种乐趣，枯燥单调的事情也就变成了一种享受。

如果仅仅将工作当成满足生存需求的手段，那就很难在工作中有长远的打算，即使勤勤恳恳，也会因过于求稳而鲜有创新和进取之心，最终只能成为平庸的人；如果热爱自己的工作并且投入饱满激情，就能发挥出创造力，最终实现自己的价值。

热情是铸就匠心的催化剂

综观古今中外的成功人士，他们的一个共同特点就是无论做人还是做事都拥有一颗热情激昂的心。一个人如果对生活、工作、朋友、事业都缺乏热情，那么他将很难有大的作为。

无论你的能力如何，对人、对工作的满腔热情都是一笔宝贵的财富，它不仅有助于你树立在事业中的形象，还能让你体验生活的美妙。对某件事情充满热情，就有了把它做好的主动的心态，也就离成功不远了。

电视剧《士兵突击》中，高连长说的"不放弃，也不抛弃"是对热情的一种直接的表达。

高连长的形象之所以能够打动那么多观众，是因为那股热情、那种投入。这个"纯爷们儿"坚信自己做的事情，对自己所说所做充满热情与投入。他融入信念，他的热情使他的形象光芒四射。

如果你想以积极热情的心态面对工作和生活，就应该常常提示自己做到以下几点：

第一,乐观地看待一切。我们通常会为自己所没有的东西而苦恼,却看不到自己拥有的,如健康、可以爱与被爱、每天都有食物吃等。正如那句口口相传的话:"失去了的才知道珍贵。"让我们走出哀怨的情绪,高高兴兴地生活和工作。

第二,为你取得的成绩而自豪。成绩不分大小,每次成功都意味着你又向前迈出了一步。你可以为你刚刚战胜了一个挑战感到骄傲,可以为帮助了一个陌生人而感到幸福,可以为帮助了一个朋友而露出微笑,也可以为结识了一个新朋友或读了一本新书而感到高兴。

第三,让自己充满自信的活力。每天都认真地做一些积极的事情,让自己充满活力。例如,可以给那些一直以来你都很欣赏却很久未联系的人打电话,对工作伙伴说一些鼓励的话,保持微笑,或者挤出时间和孩子玩耍等。

第四,心存感激,做事有动力。每天都有很多事情让我们心存感激,也有很多人值得我们感谢,每一天都是上天送给我们的一份珍贵的礼物。

第五,换个角度看问题。人往往会向别人提供不错的建议,却不能对自己做出指引,很多时候,根本原因就是看待事物的方式不同。很多人都经历过为一件事苦恼不堪,过后又觉得不值得的时候,悲和喜只是我们看问题的角度不同而已,并非事情本身的性质。

第六,立刻行动,绝不拖延。不要认为这些都只是"听起来不错"的建议,也不要认为生活得幸福很难。是让生活过得索然无味,还是积极向上,决定权就在你自己手中。

可能你对陶华碧这个名字不熟悉,但提到"老干妈"想必大家都知道吧。陶华碧就是老干妈麻辣酱的创始人,也是老干妈麻辣酱工厂的董事长。当年，迫于生活的压力，陶华碧做起了凉皮生意，但她发现自己制作的凉皮配料——麻辣酱更受人们的欢迎，于是她就开始了"麻辣人生"。

1996年7月，陶华碧向南明区云关村村委会借了两间房子，招聘了30多名工人办起了食品加工厂，专门生产麻辣酱，定名为"老干妈麻辣酱"。

开始的生产工序几乎都是手工操作，其中有一道工序是捣麻椒、切辣椒。随着刀起刀落，溅起的飞沫辣得眼睛不停地流泪，工人们谁也不愿意去做，陶华碧就以身示范。她一边切辣椒一边不停地说："我把辣椒当成苹果切，就一点也不辣眼睛了。"员工们听了，都笑了起来，纷纷拿起了切刀……她始终保持着对工作和生活的热情，遇到再大的困难也往好处想，最终她不但成了中国的"老干妈"，还走向世界。

畅销书《成功长青》的作者斯图尔特·埃默里在一次演讲中说，通常人们会认为应该先设立伟大的目标，先变得成功了，然后再去追求其他的生命意义，但是他通过调查发现：只想要追逐成功的心态，反而是成功长青的最大陷阱。"没有热情，是无法让人专注、持续性学习的，而这却是全球化竞争下，最需要拥有的能耐。"伟大的目标是倾注你最大热情的目标，而一旦没有了情感的驱动，很容易遇到挫折就放弃了。所以，一开始不要想着马上成功，而是要找到你有热情、做得好且愿意不断学习以做得更好的事。

例如苹果电脑的创始人乔布斯，他做电影，又经营苹果电脑，这两个看起来完全不同的领域，他是如何游刃有余地行走其间的？他说，那是因为他很爱美的设计，想要传达出去，而不管是电影还是电脑，都可以实现他的这个愿望。

我们要对生活中我们喜欢做的事或从事的行业保持一种持之以恒的热

情，才有希望成为这个领域的匠人。

对生活充满热情，你能更加深刻地体会到生活的真实意义，进而每日都生机勃勃，驱动自己勇敢地不断前进，实现自己的奋斗目标。失去了热情的生活是灰暗的、苍白的，也会严重伤害你的进取心，所以，这种状态要不得。

100 个人中有 98 个人不满意他们的世界

100 个人中有 98 个人都不满意自己的世界,但大部分人心中又缺乏自己喜欢的世界的清晰图样。他们终生无目的地漂泊,胸怀不满和怨恨,但是并没有明确的目标。他们说不出自己究竟想在生活中得到什么。

在高速发展的现代社会,很多人都有各种各样的困惑,据统计,60%的困惑来自于对未来方向的迷惘。有很多人不了解自己,对未来感觉茫然,甚至不知道自己究竟喜欢什么样的生活,适合做什么工作。有些人不喜欢自己的职业,越干越累;有些人看看周围的成功人士,再看看自己的事业始终没有什么起色,怀疑自己选错了职业;有些人嫌自己的工作挣钱太少,看不到未来的出路;有些人不知道自己是继续应付这项工作,是考研充电,还是跳槽转行……

说到底,这些现象的发生就是因为缺乏明确的人生定位。人生定位简单一点来说,就是确定自己到底想做一个什么样的人。

在管理界有一句名言:没有最好的,只有最切合实际的。我们选择职业也是一样,没有对与不对,只有适合与不适合。有些人适合做手艺人,有些人适合做管理者。每个人的个性、天赋、才能、所处的环境等都是不一样的，我们所要做的，不是抱怨自己不如别人的地方，而是认真地分析自己的特点，找出适合自己做的事情。

我们不论干什么工作，只要是自己喜欢并且对社会有益的，都应该坚持做下去，争取成为这个领域的优秀匠人。林肯开过小店，里根当过演员，虽然他们的这些职业与当总统并不相干，但是这些经历对于他们实现自己的人生目标都起到了非常重要的作用。

面对现实，我们不一定选择最好的，而是要做出我们能做的最好的选择。什么样的选择才算是最好的呢？这要依据每个人的具体情况来定。只要你对于自己有正确的认识，保持积极的心态、冷静的头脑，独立思考而不是随波逐流，你就可能做出较为正确的选择。

要想找准定位，你一定要明白自己的特长，深刻地了解自己的核心竞争力。这样，你在开创事业的时候，胜算的把握才能更大一些。

1993年，黑龙江的刘永森来北京的一家公司打工。他喜好速记，经常练练手，于是就有一些人知道他有速记这个"绝活"。一次偶然的机会，他被中央党校一位准备出书的老先生邀去做速记，老先生口述，他做记录。由于多年的练习，他对此轻车熟路，出错率很低。经整理，老先生的这本书很快出版了。

后来，有一些人慕名来找刘永森做速记。他很快就发现北京的速记市场很广阔，因为当时速记市场的覆盖率居然不足10%。于是，他花2000元买了一台旧笔记本电脑，开始专门为他人做速记。这时候，他不仅为个人做速记，还开始承揽各种会议的速记工作。不久，他便注册了北京文山会海速记公司。后来，刘永森在多年实践的基础上创制出新的计算机中文速记机——索恒汉语速记机，打破了亚伟中文速录机"一统天下"的局面。

刘永森充分发挥了自己的核心竞争力，找准了定位，使自己的事业取得了成功。这就是我们这个时代需要的工匠精神，你不必做多么伟大的实验，而是要在自己的行业里做精、做专，成为这个领域的专家。

每个人都有各自不同的竞争力和定位，不同的人适合不同的行业，成功也不能按获取财富的多少来评价。最重要的是明白自己适合做什么，只有这样，才能最大限度地发挥自己的聪明才智，在自己的行业中取得成功。

在世界各地拥有4300家快餐店的温迪国际公司的创始人戴维·托马斯就是这样一个在自己所处的行业里做到极致的人。

他12岁时为了生计不得不谎报年龄去餐馆打工。餐馆老板弗兰克告诉他："孩子，只要你愿意努力尝试，你就能为我工作。"老板所说的努力尝试包括从努力工作到礼貌待客的一切内容。当时通常的小费是10美分，但如果他能很快把饭菜送给顾客并服务周到，有时就能得到25美分的小费。他曾尝试自己一个晚上最多能招待多少位顾客，结果创下了100位的纪录。

就这样，年幼的托马斯认识到，只要努力工作并专心致志，就会成功！

成功者都有一个共同的特点，就是在面对任何事情时，都具有积极的思维和良好的心态。

一个人在看蜘蛛结网时突然明白了人生的真谛。蜘蛛一直努力结网，虽然一次又一次失败，但是它没有气馁，屡败屡战，屡下屡上，掉下来7次，终于达成了结网的目标。一个人的人生与蜘蛛结网又有什么区别呢？一次次的失望、一个个的希望，人生态度也是起起伏伏，游走在消极与积极之间。但勇于奋斗的人具有明确的人生目标，百折不挠地前进，最终定能实现目标。

是在迷茫中虚度一生，还是在一步步实现目标的过程中体验人生的真谛？我们当然会毫不犹豫地选择后者。那么，我们就应该从现在开始，明确目标，端正态度，认真对待自己的人生。每个人的人生道路最终取决于自己，你对待人生的态度就是命运对你的态度！

这个世界不会亏待任何人

在现实生活中，有些人习惯以自我为中心，把自己看得很重。这是很多年轻人的通病。有这种心态的人，很难在事业上取得大的成就。

不要抱怨"公司太小""工作太琐碎""同事对我很冷淡""老板是资本家"，等等，凡事先从自己身上找原因，首先问一下自己："我具备在更好的平台上工作的经验和能力吗？"即使认真思索之后，你得出的答案是肯定的，也要认清这样一个现实：在如今几百万应届大学毕业生争抢几十万个职位的严峻的就业形势下，不管是出于什么原因，你无法到国内外的500强企业上班，只能说明你在某些方面尚无法满足这些大公司的职位要求。只要你所进入的行业，是自己不排斥的，那么不管公司规模如何，你都该认认真真地工作，积累经验，完成从新人到熟手再到匠人的蜕变。当你成为这个领域的专家，就不会为进入心仪的公司而苦恼了。

新人的成长在小公司往往比在大企业更有优势，你能够在小公司接触到更多的岗位和工种，了解并熟悉更多的行业细节和门道；而在大公司你通常只能是"大机器链条中的一个零部件"，在很长一段时间内只能做某种性质单一的"螺丝钉"一样的重复工作。

把心态放平和，你做任何事也就会踏实认真了。《西游记》里孙猴子当初学艺时，是踏踏实实下过功夫的，因为他知道自己当时"没啥本事"。他漂洋过海，行程万里，来到西牛贺洲，打算拜菩提老祖为师。菩提老祖是西牛贺洲有名的"神仙博导"，教徒众多，门槛极高，压根就瞧不上这猴子，立马就要将他撵出去。孙猴子没有半点猴急，"装孙子"一样苦苦哀求说自己漂洋过海是多么不容易，"老师您这样就把我打发了，岂不是令人心寒？"说完后在门前长跪不起，以示诚心。

菩提老祖看这猴子挺心诚，就勉强收下他，赐名"悟空"。孙悟空总是抓耳挠腮、手舞足蹈，上课时没少挨老师打手板，但他会说话，解释说"听老师讲到精彩之处喜不自胜，才有此兴奋举动，望师父恕罪"，这招让菩提老祖很受用。孙悟空在西牛贺洲潜心修行，这一学就是7年，把所有初级科目都学了一遍。接着，菩提老祖问他以后要往哪个专业方向发展，孙悟空心眼挺多，说："想先听听师父的意思。"菩提老祖就一一列举了"术""道""流"等主流专业，孙悟空觉得都不适合自己，就统统拒绝了。菩提老祖急了，拿戒尺在孙悟空的脑袋上重重敲打三下，生气地走了。孙悟空挨打后反而挺高兴，他领悟了师父的用意：打他三下，是要他三更半夜去"吃小灶"。

果然，菩提老祖教了他一些高深的压箱底的本领，如七十二变等。就这样，孙猴子踏实用心学得一身真功夫，然后拜别师父后回到花果山发展自己的事业，直到后来跟着"新老板"唐僧西行除妖，成为斗战胜佛。

放低姿态，看低自己，不是鄙视自己，而是更加清醒地认识自己；不是让我们低声下气、奉承谄媚，失去做人的原则，而是以一颗诚挚的心去对待人和事。让我们放低姿态，做一株谦虚的稻谷，低低地垂下头，用饱满的谷穗证明自己的实力。

匠心：成就卓越的力量 > > >

匠人往往是从"偷艺"开始的

我们常说，商场如战场。每个在商海搏战的人都要时时刻刻面对竞争。其实，人生何尝不是如此？你有没有虚心学习竞争对手的出色之处呢？学习对手的过人之处，你才能成就更优秀的自己。这是对自身气度的挑战，也是自我提升的良方。

林政纬是台湾地区一家专业激光标刻公司的负责人，虽然他们公司的工艺水平比同行业的其他公司要先进很多，但林政纬从不掉以轻心，而是时刻关注同行的最新技术，并认真借鉴学习。因为他知道，在竞争激烈的市场经济时代，任何优势都有可能随时失去，只有保持清醒的头脑，不停下前进的步伐，才能处于不败之地。

有一次，林政纬在市场上看到一只很特别的手表，熟悉技术的他一眼就看出这只手表的底壳是用激光处理的，而普通手表的底壳是冲击出来的，这引起了林政纬极大的兴趣。

他仔细一看，发现这样做出来的手表的光泽度要比别的手表亮很多。为了知道是怎么做出来的，林政纬决定把表拿回家好好研究，便买下了这只 3000 多元的手表。他把手表拿到公司，对底壳做了一系列测试，终于研究出来其处理方法。掌握了这一技术后，林政纬的公司也开始使用这种激光处理技术，如今已经在实际生产中广泛使用了。

不仅如此，他还通过各种方法提升自己公司的产品和服务的质量。当公司接到很大的订单时，林政纬通常会找那些品质、制作工艺相仿的同行一起来研究和制作。这样既保证了生产的速度和质量，也可以在合作中学习彼此的新技术。凭着学习对手的优秀技术的精神，林政纬的公司不断地在工艺上模仿和超越别人，业务越来越多。

任何一个优秀的商人都不会轻视他的对手，因为对手能促使他进步。俗话说："人外有人，天外有天。"向竞争对手学习，是不少成功企业的实践证明的一个真理。与其时时提防对手，不如更多地考虑如何通过相互学习、共同合作来提升自己。

简单地把竞争对手看作自己的天敌，这是一种故步自封的鸵鸟行为，有这种想法的人往往无法按照市场规律进行正当的竞争，而是采取非常规手段，结果往往是两败俱伤。只有向竞争对手学习，取其长，补己短，才能不断地丰富自己，超越自己，获得更大的成功。

20 世纪 80 年代初期，日本丰田汽车以其质优价廉的名声打进了美国市场，这一状况甚至威胁到了美国实力雄厚的通用汽车公司。当时通用公司的执行经理是史密斯，他经过一番深思熟虑后做出了一项重大决定——将通用公司下属的一家汽车工厂与丰田汽车公司合并，生产丰田牌轿车。

这一决定让丰田公司尤为高兴，因为能与庞大的通用公司合作，必定能更快地占领美国的汽车市场。因此当美方提出这一建议后，日方的人员、设备便跨洋过海地来美国安家了。而通用公司的许多人都不明白史密斯为什么要这么做，他们把史密斯公然将丰田公司请到国内的汽车生产领域这一举动视为"引狼入室"。

美国汽车界的许多人士纷纷向史密斯提出谴责和批评，但史密斯没有退缩，他自有打算。他分析了解到，美国汽车界之所以在日本汽车的大举进攻之下失去还手之力，太过轻敌是一个很重要的因素。

当时，几乎所有的美国汽车制造商都认为日本汽车不过是低廉的劣质产品，史密斯却看到了日本汽车售价低、性能好、省燃料等优点。

于是史密斯想通过与丰田公司合作，争取到他们的技术帮助，用以增强自己产品的竞争力。表面上看似乎是"引狼入室"，实际上史密斯是聪明地把"老师"请到家里，了解对手，向对手学习，实现"青出于蓝而胜于蓝"，最后一举夺回霸主地位。事实证明史密斯的做法是正确的，最终，通用公司抢回了市场，挣回了利润。

与强劲的对手竞争时，只有了解对手，向对手学习，提高自己的实力，才能赢得竞争的胜利。

第六章
严谨，让自己行有所止

匠心就是坚守"初心"，精细严谨，有所取舍，行有所止。工匠们集中全部的精力和时间到自己的专业上，他们竭尽全力推动自己的技术的发展，使自己打造的每一件产品都是匠心之作。

匠心：成就卓越的力量 > > >

致敬德国工匠精神

说到工匠精神，总会提到德国。德国人用高规格的产品在世界上树立了国家品牌，把德国人严谨专业的精神传递到世界的每一个角落。舒马赫、施耐德、施密特、穆勒、施泰因曼……这些德国姓氏在德语里各自代表着某个行业的手艺人：制鞋匠、裁缝、铁匠、磨坊主、石匠，等等。老师傅带几个学徒做手艺曾是德国人的职业常态。尽管工业化发展，机器技术取代了手工，但是德国的工匠精神却传遍了全世界，也成为德国制造业享誉世界的核心竞争力。今天，在德国的经济结构中，30%为制造业，加上出口，工业制造几乎占据德国经济的半壁江山。

德国人偏爱手工业，宗教改革家马丁·路德在16世纪就提出，人们无须遵从教会指令，靠自己辛勤劳作也可获得救赎。德国人深受这种思想的影响，19世纪，德国作家路德维希·蒂克在他的小说《青年木匠师傅》中，借木匠莱恩哈特的话表达了市民阶层对手工业的青睐："我总是想让人们的日常用品既实用又美观，这样有教养的人就不用再添置别的东西了，我为此感到荣耀。"德国人乐于在手工业上花更多的时间，用心打造自己设计的每一款产品,他们把手工业的技艺发挥到极致。德国开展专业化的职业教育,让手工技艺能够得到有效的传承,并且为技艺高超的人颁发专业证书,让他们得到社会的认可。

在德国有很多的家族企业,有的甚至有几百年的历史。在德国 350 万家企业中,90% 由家族经营。德国最大的 100 个家族企业,平均年龄超过 90 岁,皆是名副其实的百年老店。在德国,家族企业通过代代相传,不仅企业能够得以传承,而且精湛的技艺和严谨的企业文化也毫不遗漏地得到了传承和保留,从而企业能够稳健地发展下去,成为行业翘楚。

德国的工匠精神与德国的社会生产体系有着密切的关系。德国的社会生产体系在威廉帝国时期奠基,其核心是 19 世纪晚期在机械制造、电子技术工业和化学工业领域形成的多样化优质生产。也就是说,在企业竞争战略上,德国企业往往不是选择成本领先,而是选择产品分层化,专注于小众市场,在制造业(特别是装备制造业)中的某个细分领域深度耕耘。这些机械工程领域的小众市场的壁垒通常是比较高的,进入这些小众市场需要比较复杂的技术和生产能力;另外,小众市场的顾客一般比较挑剔,对于产品质量的要求高。这就要求企业不得不专注于自己的领域,做精做细,这样便间接地推动了德国制造业的发展。

威廉帝国继承了普鲁士重视科学与教育的传统,特别是在 19 世纪最后 10 年引入了正规的工程师文凭及双元制职业教育。德国对于工程技术人员及技术工人的系统培养模式大大优于当时的制造业霸主英国的在岗培训方式,这使得德国制造业如虎添翼,在 20 世纪初全面超过老牌制造业大国——英国,与美国并驾齐驱,成为世界制造业的新霸主。

中国在改革开放的大潮中,快速发展加工业,成为闻名全球的"世界工厂",这有力地促进了我国经济的全面发展。然而,这种情况是很难持续的，随着经济的发展，我国在劳动力和资源等方面的优势渐渐减弱，而在科技不断发展的今天，对工人的劳动技能的要求也在不断提高，因此"世界工厂"的重心必然会发生转移。中国在新一轮经济发展大潮中，必须提高制造业水平，发展工匠精神，提高劳动技能，才能够有更多的在国际上享有盛誉的产品，才能拥有核心竞争力。德国人的工匠精神值得我们认真反思和借鉴，我们要做好自己擅长的那些方面，鼓励管理人员和工人积极提高技术水平，平心静气地做好每一款产品，充分发挥工匠精神在新时代应有的作用，让"中国制造"享誉世界。

每件奢侈品背后都凝聚着匠人的心血

匠心就是摒弃浮躁,从容淡泊,坚守"初心"。让自己的技术、工艺不断发展,由浅入深,升华飞跃,使自己造就的每件产品都是精美的匠心之作。

在奢侈品上我们很容易看到工匠精神。爱马仕对皮子十分挑剔,只要有一点点的瑕疵都会毫不留情地报废。100%的手工制作、严格的质量控制也是这个品牌遥遥领先的原因。

迪奥工坊坚持使用独特高级的工艺,产品全部是手工打造,选用高级而稀有的皮革。它不仅高度重视配件的质量,而且把每款产品都当成一件艺术品来打造。迪奥皮具拥有135种不同的颜色,6个系列的手提包款式,一共由5位专业的工匠分头打造,每个手提包需要3~5天的时间完工。而一只爱马仕包包,由同一个工匠,穿着皮围裙,拿着锥子和浸蜡的麻线,一针一线,用3天时间完成。爱马仕制作包包的法宝,是一种祖传的针法,叫作双骑马钉。这种针法只能靠手工完成,不能用缝纫机代替,爱马仕的工匠也因此个个练就了一身绝技。香奈尔2.55手包的剪裁、贴合、缝纫、再剪裁、拼接、装上拉链、镶嵌扣眼、缝好搭扣、完成、包装等一系列工序,全都经过精心设计。每款香奈尔2.55手包都需要6个工人直接或间接地参与，花费 10 多个小时，经过整整 180 道工序才能完成。而在正式开工生产前，还需要一周时间制出标准样品。一般来说，对于一个有 30~40 个款型的系列，所准备的原型样本往往会超过 200~300 个。也许正是这样的诚心诚意的制作打动了无数女士的芳心：美国第一夫人杰奎琳·肯尼迪，影星罗密·施奈德、尼克·基德曼……都是这款手包的忠实顾客。其诞生 60 年来，每个时代的优雅女子，无不对香奈尔 2.55 宠爱有加，而可可·香奈尔本人，更是这一经典手包永恒的精神偶像。

葆蝶家的 Cabat 包以编织为主要特色。在编织的时候，要用木质框架支撑，一体成型，整个手袋没有切缝接边。这是葆蝶家的传统工艺，需先将把 2 块皮上下黏合在一块儿，裁成条状后，再由工匠编织，整个工程需要 2 个十分熟练的工匠花 2 天的时间才能完成。手袋编织完后，还要经过手工蜡染处理，在皮条之间留下深色印记。这些工匠常年住在小镇上，只醉心于自己的工艺，他们中的很多人从来没出过国，但是，不知道世界上有多少人痴迷于他们的作品。

另一款能充分体现匠心的产品是竹柄包。竹节柄非常不容易制作，需要把竹子放在火上烤热，再由手工弯曲，只有力度恰到好处，弧度才可能完美，因此每款竹柄包的手柄都是不一样的。一只包光制作过程就要花费 13 个小时。黏包的胶水也是纯天然的，提炼自一种东南亚独有的甲壳虫。

这些奢侈品的高价并不单单是因为材料昂贵，更多的是因为它体现的手工技艺、每件产品所蕴含的高品质。产品的每道工序都像是一个动人的故事，每件产品都注入、渗透了工匠们的精神和情感。

这便是奢侈品背后的工匠精神，值得我们借鉴。我们需要潜心钻研，专注于自己的事业，把它做精、做专。不论何时何地，切忌浮躁，要用心来打造我们的每件产品。

工业时代的精髓

"工匠",从字面来看,就是工人、匠人的意思,词典上的解释是具有技艺专长的人,技艺精湛,匠心独具。他们勤劳、敬业、稳重、干练,循规守矩,一丝不苟;他们不断雕琢产品,改善工艺,享受产品在自己手中升华的过程;他们用作品获得金钱,但他们不仅仅为金钱而工作;他们耐得住寂寞,经得住诱惑,将毕生精力奉献给一门手艺、一项事业、一种信仰;他们执着、坚守、精进,不断追求产品的极致与完美。

所谓"匠心",就是对工作执着、热爱的职业精神;对所做的事情和产品精雕细琢、精益求精的工作态度;对制造技艺的一丝不苟,对完美的孜孜追求,以及对工作敬畏、热爱和奉献的境界。正是这种精神代代相传,才创造出了无数精妙绝伦的工艺品,发明了各种各样别具匠心的新奇工艺和精巧别致的新型产品。

工匠们不仅善于发明创造,而且喜欢不断雕琢自己的产品,不断改善自己的工艺,喜欢享受产品在双手中升华的过程。工匠们普遍对细节有很高的要求,追求完美和极致,不断创造新的产品,不断提升产品质量,全身心地打造品牌。这是工匠精神的关键内核。

在工业时代,从近处讲,工匠精神是眼前一件件有价值的精美产品;向远处说,工匠精神是希望,是机遇,是未来的无限可能。在工业时代,追求规模和利润的"商人精神"大行其道,而那些在喧嚣中坚守的匠人却能摒弃粗制滥造,潜心精雕细琢,对细节之处精心考究,在细微之处追求极致,将艺术之美融入到产品的精心创作之中,这需要多大的耐力和韧劲啊!实践证明,正是那些对品质精益求精、追求极致并执着坚守的企业,才能保持旺盛的生命力,百年长存。

据统计,截至2012年,寿命超过200年的企业,日本有3146家,为全球之最;德国有837家;荷兰有222家;法国有196家。

探究这些企业长寿的秘诀,居然是相同的,就是这些企业都对自己的品牌无限热爱,都对自己的行业高度认同,对自己的产品精益求精,并在不断的传承和发展中推陈出新,不断开拓,使产品越来越精美,服务越来越优质,进而成为行业的领跑者,传承几百年依然魅力不减,基业长青。

精雕细琢出精品。看看瑞士钟表、德国相机等,哪一样不依旧屹立在行业之巅?这些历史悠久的百年老店就是对工匠精神内核的完美诠释。

D'elia公司成立于1790年,总部在世界著名的珊瑚小镇托雷德尔格雷科上。这个小镇的面积仅30平方公里,却是世界著名的珊瑚加工中心,从全球各地打捞上来的野生珊瑚都被运到这个小镇加工,已有400年的历史。

托雷德尔格雷科镇以珊瑚和贝雕出名,它坐落在意大利南部维苏威火山脚下,镇内教堂里供奉的玛利亚圣母像手里拿着珊瑚枝,戴着珊瑚项链,给人以深刻、鲜明的印象。

在很多人看来,托雷德尔格雷科镇是黄金之地,小镇的巨匠们精心制作的精美的珊瑚饰品远销世界各地,美名传遍全世界,换取的财富也滚滚而来。这些都离不开工匠们的努力，一个个采摘自大自然的珊瑚经过他们的巧手变成了精美绝伦的饰品。

D'elia公司是家族企业，历代掌门人都是知名匠人，企业的祖训是"不能让手工业者失业，要让他们有饭吃"。第二次世界大战过后，经济复苏，珊瑚行业也得到了前所未有的发展，D'elia公司聘请的匠人数量一度高达500人，而正是这些能工巧匠的巧夺天工的手艺，让卡地亚、蒂凡尼等大品牌向D'elia公司抛来了橄榄枝，此后D'elia公司成为这些大牌唯一的珍珠、珊瑚饰品供货商。

200多年的漫长岁月里，D'elia公司也遭遇过很多挫折。但不管遭遇怎样的风吹雨打或者其他行业的诱惑，D'elia公司都坚持只生产3样产品：珊瑚、珍珠及贝雕。正是这样的执着和专注使他们生产的饰品保证了质量和名气，远销全世界。

丰田的精益生产方式

从 20 世纪 70 年代石油危机中的"一枝独秀"到今日全球汽车业的"领头羊",丰田的精益生产(Lean Production,简称 LP)改变了世界。

精益生产方式又被称为丰田生产方式,其精益生产的制造理念,几乎带动了全球所有制造企业的转型,它们竞相采取丰田的制造理念及方法,这种生产方式已经被公认为世界上最成功的生产管理方式之一。

丰田的精益生产方式既是一种以最大限度地降低企业的管理经营成本为主要目标的生产管理方式,又是一种生产的理念和公司的企业文化,也可以说,实施精益生产是支撑个人与制造企业的生命力的一种精神力量,也是个人和公司在长期的学习过程中获得自我满足的一种境界,其目标是精益求精、永无止境地追求尽善尽美。

精益生产是美国麻省理工学院的数位国际汽车计划组织(IMVP)的专家对日本丰田准时化生产方式的赞誉。

从美国福特汽车公司 20 世纪初创立第一条汽车生产流水线以来,大规模的生产流水线一直是现代工业生产的主要特征。大规模生产方式是以标准化、大批量生产来降低生产成本、提高生产效率的。这种方式适应美国当时的国情，汽车生产流水线的产生，一举把汽车从少数富翁的奢侈品变成了大众化的交通工具，美国汽车工业也由此迅速成长为美国的一大支柱产业，并带动和促进了包括钢铁、玻璃、橡胶、机电以至交通服务业等在内的一大批产业的发展。大规模流水线生产在生产技术及生产管理史上具有极为重要的意义。但是第二次世界大战以后，社会进入了市场需求向多样化发展的新阶段，相应地要求工业生产朝多品种、小批量的方向发展，单品种、大批量的流水线生产方式的弱点就日渐明显了。为了顺应这样的时代要求，由日本丰田汽车公司首创的精益生产，作为多品种、小批量混合生产条件下的高质量、低消耗地进行生产的方式，在实践中被摸索、创造出来了。

精益生产方式的基本思想可以用一句话来概括，即 Just In Time (JIT)，翻译为中文是"只在需要的时候，按需要的量，生产所需的产品"。

精益生产的核心是消除一切无效工作和所有浪费，把目标确定为零缺陷，通过不断地降低成本、提高质量、增强生产灵活性、实现无废品和零库存等手段确保企业在市场竞争中的优势，同时，精益生产把责任下放到公司的各个部门和工序，采用小组团队工作的方法，充分调动全体员工的工作积极性和创造力，把缺陷和浪费就地消灭在每个岗位工序中。精益生产方式的先进性不仅体现在生产制造部门，也体现在产品开发、计划、营销网络及经营管理等各个方面，它已成为新世纪最成功的管理体系。

精益生产的最终目的是获得最高的生产效率、最优的产品质量、最低的生产成本，其基本思想是针对现有制造企业过于臃肿和存在大量浪费的现象进行"精简、消肿"的对策。在生产过程中去除一切多余的环节，实行简化，这就需要进行生产流程的改革。其核心如下：

1. 消除浪费

企业中普遍存在 8 大浪费，涉及过量生产、等待时间、运输、库存、过程（工序）、动作、产品缺陷及忽视员工创造力 8 个环节。在企业的生产过程中要消除这些环节的浪费。

2. 追求快速反应

管理大师戴明说过："员工只须对 15% 的问题负责，另外 85% 的问题归咎于制度流程。"什么样的流程就产生什么样的绩效。为了快速应对市场的变化，精益生产者开发出了细胞生产、固定变动生产等布局及生产编程方法，建立无间断流程，将流程中不增值的无效时间尽可能压缩，以缩短整个流程的时间，从而快速满足顾客的不同需要。

3. 追求零库存

需指出的是，追求零库存只是精益生产的一个手段，目的是解决问题和降低成本，而且低库存需要高效的流程、稳定可靠的品质来保证。很多企业在实施精益生产时，以为精益生产就是零库存，不先去改造流程、提高品质，就一味要求降低库存，结果可想而知，成本不但没降低，反而急剧上升。

4. 生产的高质量一次做对

质量是制造出来的，而不是检验出来的。检验只是一种事后补救，不但成本高，而且无法保证不出差错。因此，应将品质内建于设计、流程和制造当中去，建立不会出错的品质保证系统，一次性做对。

5. 建立标准化与实行工作创新

标准化的作用是不言而喻的，但标准化并不是一种限制和束缚，而是将企业中最优秀的做法固定下来，使得不同的人来做都可以做得好，发挥最大成效和效率。而且,标准化也不是僵化、一成不变的,标准需要不断地创新和改进。

6. 尊重员工,懂得授权

尊重员工就是要尊重其智慧和能力,给他们提供充分发挥聪明才智的舞台,让他们为企业也为自己做得更好。在丰田公司,员工实行自主管理,在组织的职责范围内各行其是,不必担心因工作上的失误而受到惩罚。出错一定有其内在的原因,只要找到原因施以对策,下次就不会出现了。

7. 打造精益供应链

在精益企业中,供应商是企业长期运营的宝贵财富,是外部合伙人,他们信息共享,风险与利益共担,一荣俱荣、一损俱损。精益生产的目标是降低整个供应链的库存。不花力气进行流程改造,只是简单地将库存从一个地方转移到另一个地方,不解决任何问题。

丰田生产方式是日本工业发展的重要组成部分,它反映了日本在重复性生产过程中的管理思想。丰田生产方式的指导思想是,通过生产过程整体优化,改进技术,理顺物流,杜绝超量生产,消除无效劳动与浪费,有效利用资源,降低成本,改善质量,达到用最少的投入实现最大产出的目的。

日本企业在国际市场上的成功,引起了全世界的浓厚兴趣。西方企业家认为,日本在生产中所采用的方式是其在世界市场上竞争的基础。

匠心：成就卓越的力量 > > >

你的认真终会被看见

工作中，我们会因为很多事情而忙碌，有些人只是想赶紧把手头的工作完成，而不是做好，结果却是欲速则不达。有这样一句话：只有严谨，你才能走得稳；走得稳，你才能走得远。否则，你的时间都花在摔跤上了，一路上总是在摸爬滚打，你还能够走得快、走得远吗？

严谨细致的工作态度，反映了一种工作作风，就是对一切事情都采取认真、负责的态度，一丝不苟、精益求精，于细微之处见精神，于细微之处见境界，于细微之处见水平；就是把做好每件事情的着力点放在每个环节、每个步骤上，不心浮气躁，不好高骛远；就是从一件一件的具体工作做起，从最简单、最平凡、最普通的事情做起，注重把自己手中的事情做精做细、做得精彩。

华罗庚之"泡茶论"也彰显匠人之心。他在《统筹方法》一文中对此有精辟的论述：想泡壶茶喝。当时的情况是：开水没有；开水壶要洗，茶壶茶杯要洗；火已生了，茶叶也有了。怎么办？

办法甲：烧开水同时，洗茶壶，洗茶杯，拿茶叶。

办法乙：烧开水之前，洗茶壶，洗茶杯，拿茶叶。

办法丙：烧开水之后，洗茶壶，洗茶杯，拿茶叶。

哪种办法省时间，谁都能一眼看出，第一种办法好，因为后两种办法都"窝了工"。以小见大，华罗庚之所以能在数学领域取得"登峰造极"的成就，离不开"严谨"二字，严谨统筹，精密计算。

2008年，北京奥运会进入倒计时，歌星刘欢应邀参观奥运场馆，在没有任何影迷索要签名的情形下，他利用间隙从工作人员手中借来一支笔，工工整整地在喝剩的半瓶矿泉水瓶上签下了自己的名字。这个不引人注意的细节，还是逃不脱一位记者犀利的眼睛。被问及原因时，刘欢微笑着回答道："我这样不过是做个标志，免得自己喝过的水，别人不敢喝，自己也找不到，最终被白白地扔掉。"

参观结束后，清洁人员真的从垃圾桶内找到了那个喝光的、用力捏瘪的、有着刘欢签名的空瓶子。垃圾桶内更多的是只喝了几口，甚至一口都没喝就扔掉的崭新的矿泉水瓶。半瓶水微不足道，但体现了一个人的涵养与素质。严谨是态度，勤俭是美德，人性的光辉莫过于在此闪现！这些值得你我每个人去深思。有时想来，人生其实就是一门学问，这门学问高深莫测，需要你用一生去践行探索，而严谨的态度，正是做好这门学问的关键所在。

严谨地对待人生、清醒地认识自我的人，其人格是高尚的，人生是精彩的。这样的人受人尊敬，他们身上折射出的人性光芒会影响无数人，震撼无数人的心。

关于严谨，无须更多的解释和定义人们即可理解，但在实践中做到严谨，是一个考验人是否有工匠精神的课题。在这里，态度是占第一位的，因为态度决定一切。态度是思维的体现，也是一个人做事的立足点。有了严谨的态度之后，只要在每项工作和处理事情的过程中，进行认真仔细的分析，通过分析和对比求得最优的解决方法，同时在实践中遵循既定的目标和规划来严格地实施，如果能把这种处理事情的方式运用在每件事情上，无论大小，久而久之，就能培养出匠心了。

在一般人的印象中，严谨者做事认认真真，做什么事情都要花费很长时间，效率很低。其实这是一种错误的认识。严谨者往往力求做事做到位，可能会在开始时拖延一点时间，然而能够按时保质地完成目标。相反，做事敷衍了事或者图一时之快而马马虎虎地做事的人，虽然很快就完成了眼前的任务，但并没有真正达到目标，如果一切重新开始，会浪费大量的人力物力，也会丧失大好机会。

任何事情，只有严谨地对待和处理，才有可能成功。敷衍了事、随遇而安或图一时之快是不行的。大到国家和民族，小到企业、团队及个人，都需要严谨的态度、严谨的习惯。敷衍了事者必将被淘汰出局。

细节决定成败。拥有严谨的态度，抓住细节，能够成就一个人的未来。有哲人曾说："严谨的态度能够弥补智力上的缺陷，然而智力却永远也填补不了道德的空白。"漫漫的历史长河中，由于严谨而成功的人不胜枚举，由于缺乏严谨而失败的人更是不计其数。

我听说过这样一个女孩，从北京外语学院毕业后被分配到中国驻英国大使馆做接线员。做一个小小的接线员，是很多人觉着没有多大出息的工作，可是她却把这个普通工作做得精彩。她把使馆所有人的名字、电话、工作范围甚至他们家属的名字都背得滚瓜烂熟，有些电话打进来，办事情不知道该找谁，她就会多问问，尽量帮助别人准确地找到合适的人。慢慢地，使馆人员有事外出，不是像过去那样告诉自己的翻译了，而是给她打电话，告诉她可能谁会打来电话，需要转告什么事情等，有很多公事、私事也委托她通知,她很快成为使馆内全面负责的"大秘书"。有一天,大使竟然也跑到电话间,笑眯眯地表扬她。这是一件破天荒的事。没多久,她就因工作出色而被破格调去英国某大报记者处做翻译。现在,她已经是北京外交学院的副院长了。她就是任小萍。她说,正是做接线员时养成的严谨细致的工作作风,奠定了她日后成功的基础。

　　匠心是什么?那可不是感觉,说来就来,说走就走的,它是一种始终如一的严谨的作风,是一种财富,是你一辈子无论走到哪里都带在身上的财富!

匠心：成就卓越的力量 > > >

匠心，就是一项技艺坚守一生

　　坚守自己的信念，坚守自己的理想，一生不后悔。我们每个人无论做什么工作，都应该有这种坚守的精神。只有坚守，才能最终战胜困难；只有坚守，才能达到最终的成功；也只有坚守，才能给自己交一份满意的答卷，让自己的执着有一个满意的结果。

　　这样的态度和精神，在很多优秀的工匠身上都表现得特别明显。那些技艺精湛的工匠和流芳千古的工艺家族，都带有这样执着的烙印，为了一件作品、一个品牌，哪怕一生寂寞，一生无名，哪怕经历无数的挫折与磨难，也坚守到底。

　　北京历史上的一次建造高峰出现在清代。清朝皇家建筑蔚为壮观，是几千年中国传统建筑的集大成者，有多处成为世界文化遗产，然而大多数人没有想到，它们的建造者居然出自一个家族，这个家族就是"样式雷"家族。

　　17世纪末，一个南方匠人雷发达来北京参加营造宫殿的工作。因为技术高超，他很快就被提升担任设计工作。直到清朝末年，清朝的主要建筑群都是雷氏一家负责的。

"样式雷"是我国清代有着深厚传承基础的建筑世家，其家族从康熙年间起，共有7代人为清朝皇室服务，承办皇家宫殿、园林、府邸、庙宇、陵寝等工程的设计与修造任务。北京的历代皇亲大臣，甚至慈禧太后、光绪、同治等最高统治者，都和雷家有着密切的关系。雷家在清朝的地位很高，相当于我们现在的建筑设计院，但那时候不叫设计院，叫作样式房。样式房是清朝皇家建筑的最高设计建造机构，几乎所有的皇家建筑和大型建筑都要经过他们的审核设计，它在清朝皇家建筑体系中具有举足轻重的地位。雷家的样式房被尊称为"样式雷"，"样式雷"这个名字就这样流传下来。这个并不庞大的皇家设计院，凭借十几个一流的建筑师，承担从康熙时代以来的各类宫廷建筑的建造。

"样式雷"家族完成的作品让人感到非常惊讶。我们国家被列入世界文化遗产名录的五分之一的作品是这个家族完成的。承德避暑山庄是第一批，故宫是第二批。颐和园、天坛、清东陵、清西陵，以及大家耳熟能详的圆明园、北海，甚至中南海、毛泽东住过的菊香书屋、周恩来住过的西花厅，还有北京的恭王府、香山的静明园，包括南苑都是这个家族设计建造的。"样式雷"家族最后一代的作品，是没有完成的光绪皇帝的崇陵。后来，在修复几经战火焚烧的圆明园时，大清帝国轰然倒塌，世代以皇家建筑设计为生的"样式雷"家族也从此在人们的视野中消失了。

"样式雷"历代能工巧匠制作的设计平面图（平样）和立体模型（烫样）的艺术化呈现，就是他们全部的技术秘密。家族后人对祖上技艺的传承和发扬，使家族手艺越来越完善。

为了使家族的手艺得到更好的传承，从第五代雷景修起，雷家开始吸取经验，把祖上有关的建筑图纸都保存起来。自此，"样式雷"家族历代的工程设计文案、平样、烫样及所有建筑的神秘手艺都得以保留。也许雷家没有想到，这么做的本意是延续家族的辉煌历史，却留下了无法磨灭的历史印记。正是通过这些图档，后人惊奇地发现，在"样式雷"的显赫声名下，存在一个极其庞杂的建筑体系。大到皇帝的宫殿、京城的城门，小到房间里的一扇屏风、堂前的一块石碑，都符合"样式雷"的种种规矩，这是一套非常正规而且系统化的祖传技术。他们靠的不仅仅是精湛的工艺，还有认真的态度，踏实、专心致志、潜心研究和大胆创新的精神，专注、敬业、负责、执着、坚守才是其家族独占样式房掌案200多年的秘密。为了建造完美的建筑，这个家族竟然有两位掌门人是累死的。

没有执着的信念，就不会倾尽一切追求精益求精；没有一生的坚守，就不可能达到技艺和作品的极致与完美。只有执着于自己的追求，坚守理想，并为之倾尽一切力量，才会取得真正的成就。

有一句话说："如果已经选定了方向，即便爬也要爬到终点。"信念执着，其实就是要求我们坚定自己的信念，专注于自己的工作，踏踏实实为工作努力；一生坚守，就是要求我们耐得住工作的寂寞，经得起各种诱惑，不为外力影响，坚持自己的方向，不断精进，不断完善。这样，我们才能最终实现理想，成就人生。

第七章

心存敬畏，方能雕刻人生

　　每个匠人都对自己的工作和作品心存敬畏。他们把工作中的每一个细节做到极致，这是一种伟大的坚持，是一种崇高的精神境界，也体现了一个优秀匠人的人生意义。

一切问题的根源都在于"心"

　　内心的平静和专注是创造一切的力量。专注可以聚集、提炼、整饬一个人的内心。正像经过摇动的瓶子，你把它放到桌子上，让它平静下来，它里面的东西就会沉淀下来。人生就像登山一样，在专注中寻路登山，是一个学习的过程，应当在这个过程中，学习笃定、冷静，学会心境的控制，学习如何从慌乱中找到平静。

　　在专注中，你学会驾驭自己，学会控制焦躁的情绪，改变混乱的局面，不再回避生活的实质。人生前进中，主动是驾驭，被动是驱使，学会控制自己的情绪，才能振翅高飞。

　　每个人的人生道路上都会遭遇挫折和失败，很多人一看到前方的障碍，就被吓住了，不敢再向前走。他们不知道，成功就蛰伏在障碍的后面，一旦你控制心境，专注于成功，毫不畏惧地踏过障碍，你就会迎来成功。

　　英国哲学家培根曾说："顺境中的好运，为人们所希冀；逆境中的好运，则为人们所惊奇。"有些人是不幸的，上帝给了他一个糟糕的身体，

第七章　心存敬畏，方能雕刻人生

让他处于无奈之中；然而他们又是幸运的，因为正是生活的苦难使他专注于心境的控制，从而成就了自己。当苦难挫折来临时，你专注于控制自己的心境，迎难而上，就能把苦难踩在脚下，你的人生也将得到升华。

能够控制自我心境的人，可以从风险中抓住机遇，从挫折中获得动力，最终走向成功；而无法控制自我心境的人，浮躁、畏惧，对未来失去信心，放弃了拼搏，也就放弃了成功。

霍金从小就拥有对自然科学的强烈兴趣，在大学时代（当时还没患病）他就意识到，肯定有一套能够解释宇宙万物的理论，并陶醉于对其的思索之中，把它当作自己的信仰。

他21岁时得知自己患上了不治之症后也消沉过一段时间，极度失望时，他做了一个梦，梦见自己努力去帮助一些人。医生当时预测他最多只能活两年，但两年过后，情况并不是非常糟糕。后来他想到了以前曾和自己同在一个病房的男孩，那个男孩第二天就死去了。他似乎明白了什么，他觉得自己还不算倒霉，不应该就这样放弃。他17岁就考上剑桥大学，拥有异乎常人的头脑，这是上天对他的眷顾。患病后，霍金为了自己的理想，果断地"站了起来"，继续研究。他在个人传记中谈到，他并不认为疾病对他有多大的影响，他每天都陶醉在自己的世界之中，不去思考自己的疾病。同时，他又努力证明自己能够像常人那样生活！在生活中，只要他自己能做到的事情绝不麻烦别人，他说："一个人身体残疾了，决不能让精神也残疾。"

霍金的意志力是非常坚强的，同时他又是一个对生活很有主见的人。他对生活永远充满了乐观和幽默的态度。在他患病后，曾有6次非常近距离地和死神交手，他都顽强地活了下来。一次，霍金演讲结束后，一位女记者问他："病魔已将您永远固定在轮椅上，您不认为命运让您失去太多

匠心：成就卓越的力量 > > >

了吗？"

大师的脸上充满了笑意，用他还能活动的 3 根手指，艰难地叩击键盘后，显示屏上出现了 4 段文字：

我的手指还能活动；

我的大脑还能思维；

我有终生追求的理想；

我有爱我和我爱的亲人和朋友……

在回答完那个记者的提问后，他又艰难地打出了第 5 句话："对了，我还有一颗感恩的心！"

现场顿时爆发出了雷鸣般的掌声……

用霍金自己的话来说，活着就有希望，人永远不能绝望！比大海更广阔的是天空，比天空更广阔的是人的胸怀。即使病魔把霍金关在一个小小的果壳中，他也是拥有无限空间的巨匠！

面对生活困惑，是改变生活，还是被生活改变，关键在于自己。那么，如何在专注于自己热爱的工作或事业中，控制自己的心境呢？

首先，要有乐观的心态。对待人生的无奈，有些人悲天悯人，对生活失去信心，郁郁寡欢，在消沉中不能自拔。要想摆脱困境，需要以一种积极的态度，创造条件，发挥主观能动作用，化解矛盾，努力走出无奈的阴影。生活中，的确有许多不如意，如果我们能控制心境，在专注工作中乐观平和，就会轻松许多。

其次，要善于应对挫折。从风险中抓住机遇，从挫折中获得动力，最终走向成功的过程，也是磨砺自我心境的过程。一味地消极悲观、得过且过，对未来失去信心，其心境往往是脆弱、不堪一击的。感谢生活中的那些逆境，在逆境中专注于工作，释放你的潜能。

　　再次，还需要保持冷静，走出急躁、烦心、苦闷的怪圈，换个角度思考问题，学会适当调节一下。一味地勇猛精进，不见得就有成就；在平淡中冷静思索，在专注中控制心境，或许更能有效地解决问题。可以在心烦意乱的时候，跑跑步、打打球，放松一下。换一种思维，换一种心境，说不定就能开辟出一片新的天地。平时我们在工作中遇到困难的时候，有时绞尽脑汁，也找不到一点头绪，这时容易心烦气躁。为何不放下一切，让心情冷静一下？可以在合适的时间，去找同事询问，或者找上级领导请示。追不到太阳，那就去追星星，绕一个弯去想问题，控制心境，也许会发现新的契机。

　　有什么样的心境，就有什么样的生活状态。很多时候，困扰我们的并不是问题本身，而是自我心境的调节。暴躁、失控，对未来失去信心，放弃了拼搏，也就放弃了成功。无论前面有多少狂风暴雨，在专注工作中学会控制心境，经历风雨之后，一定会迎来彩虹。

慢慢来，你才能走出去

很多工艺品完成后，人们会惊叹其制作之精美、工艺之精湛，却不知道这些精美绝伦的作品背后，匠人付出了多少辛劳和心血，经历了多少枯燥和寂寞。每件精美作品的背后都是重复再重复地精雕细刻、一遍又一遍地耐心打磨，是孤影相伴的重复与枯燥。那些流芳千古的大师、成就卓著的名家，谁没有经历过工作的重复与枯燥？

达·芬奇14岁那年，到佛罗伦萨拜著名艺术家弗罗基俄为师。弗罗基俄是位很严格的老师，他给达·芬奇上的第一堂课就是让他画鸡蛋。开始，达·芬奇很有兴致，可是第二节课、第三节课……老师还是让他画鸡蛋。达·芬奇想不通了，小小的鸡蛋，有什么好画的？有一天，达·芬奇问老师："为什么老是让我画鸡蛋？"老师告诉他："鸡蛋虽然普通，但天下没有完全一样的鸡蛋，即使是同一个鸡蛋，角度不同，投来的光线不同，画出来也不一样，因此画鸡蛋是基本功。基本功要练到画笔能圆熟地听从大脑的指挥，得心应手，才算功夫到家。"达·芬奇听了老师的话，很受启发。他每天对着鸡蛋，一丝不苟地画。一年、两年、三年……

达·芬奇画鸡蛋用的草纸堆得高高的，他的艺术水平超过了老师。

达·芬奇在学画时，曾随老师到希莫尼湖写生，为一间教堂画一幅名叫《基督的洗礼》的油画。到了希莫尼湖，老师突然病倒了，没有办法，只好让达·芬奇代为完成油画剩下的部分。当油画全部完成后，教堂的人看到这幅画，不禁赞叹说："好极了！这幅画画得实在是太好了，尤其是这一部分。"教堂的人用手指着画的左下角，而这一部分正是达·芬奇代画的。正是重复地画鸡蛋，让他从中悟出了画画的真谛，最终成为名垂千古的画家。

狄更斯说："重复是学习之母。简单机械的重复看似枯燥无味，实际上是练就真功夫的一种必要方式。"我国古时有许多人从小就读当时不知其义的四书五经，最后成为满腹经纶的才子；有些人为练好一横一竖的书法，耗尽几缸水，最后终成大家；跳水运动员为做好一个动作，反复地训练，最后获得金牌；演员反复地排练，最终让自己的角色打动观众。不管是达·芬奇画鸡蛋，还是其他种种重复的工作、学习，都揭示同一个道理，即通过重复培养出良好的心态，形成良好的习惯，磨掉急躁的性子、浮躁的心理，练就超强的意志力和耐心，让技艺在不断的重复中提升、完善，终至炉火纯青。

工匠就是在平凡的岗位上成就了不平凡，在精益求精中磨炼了耐心，在精雕细琢中铸造了意志。他们在重复枯燥的工作中修行，在作品的极致与完美中升华。

简单的事情重复做，你就是专家；重复的事情用心做，你就是匠人。在重复的工作中历练自己的心志，在单调的工作中寻求新意，把枯燥的工作做得出色，把烦琐的工作做得有条不紊，把平凡的工作做得有滋有味。重复的、机械的、简单的工作，最折磨人也最锻炼人。当你对枯燥的工作习以为常并且乐在其中后，你的技艺就会在不知不觉中提升，你的意志力和耐心也会得到锻炼。

美国的钢铁大王安德鲁·卡内基当过信差，记过账，当过电报收发员、秘书，还当过铁路管理局局长，最后成为一家世界闻名的钢铁公司的首脑。之所以有如此成就，与他少年时干信差的经历密不可分，那份单调重复的工作磨练出了他钢铁一般的意志力，他做什么事情都能平心静气。

少年时，卡内基家贫，为了生计，14岁的卡内基在一个电报公司当送电报的信差。信差工作在邮局的岗位序列里级别最低，工作强度最大，挣钱最少，而且干时间长了会觉得极度乏味。

和卡内基一起受聘的人，大部分是成年人，他们在干过一段时间后，认为这个工作简直就是在折磨人，纷纷离职了。只有14岁的卡内基对这个单调的工作充满激情，他心里明白，自己赚的这点薪水对自己的家庭是多么重要。

为了让这单调的工作变得不那么枯燥，卡内基想尽一切办法丰富自己的工作内容，利用业余时间学习与本职工作相关的技能。他每天都提前1小时到达公司，打扫完卫生之后，就悄悄跑到电报房，在一旁看收报员操作电报机，在心里默默地记下操作的程序。一年后，由于工作出色，卡内基成为管理信差的监督者。

一天早晨，卡内基像往常一样走进电报房。恰巧来了一个紧急电报，收报员不在，对这个工作的程序已经烂熟于心的卡内基立即动手收报，并将电报送到收报人的家里。公司总经理听了卡内基的汇报之后，对他的做法大加赞许，把他的薪水加到了13.5美元。这对于一个孩子来说真是一笔巨款，从此以后，卡内基的工作热情更大了。

这份单调枯燥的送报工作，卡内基一干就是三年多，在这三年多的时间当中，他不但把本职工作完成得非常好，还养成了边工作边学习的好习惯，技术大大提高，成为邮局的典范。

附近的铁路公司的斯考特局长被卡内基脚踏实地的工作作风打动，对他非常赞赏，就想尽一切办法把他调到斯考特事务所，让他一方面做报务员，一方面监督公司的会计。卡内基从此开始了他走向成功的第一步。

许多工作都是在长时间内做着一系列重复的动作，但正是这些重复的工作磨炼了我们。我们在工作中忍受寂寞的同时，也获得了锻炼，提高了自身的能力。试想，如果卡内基没有三年多的信差工作的磨炼，就很难养成踏实工作和爱学习的好习惯，而这些习惯正是他后来成功的基础。

匠心：成就卓越的力量 > > >

打造自己独一无二的个人品牌

　　21世纪，人才最重要。想要在日趋激烈的竞争环境中脱颖而出，自身必须有"闪光点"，即形成个人品牌。过去，品牌多与企业相联系，与个人关系不大。进入21世纪的信息时代后，由于生产方式与生活方式不断地深入融合，品牌就不再只是和企业的产品有关，和个人也建立了密切的关系，建立个人品牌成为人生的一个重要问题。

　　要想建立个人威望，推动个人成功，需要像各行各业的顶尖成功者那样，建立起强有力的个人品牌，以快速有效地得到别人的认可。

　　个人品牌反映的实质内容是个体在他人头脑中留下的印象或者情感。个人品牌指的就是个体拥有的独特的、鲜明的、确定的外在和内在特质，包括形象、修养、专长能力、价值观等一系列内容。正如高度个性化的印象和情感会附属在某件产品上一样，它们也会附属于个人，一旦人们认可了你的品牌价值，你就会引人注目，受人信任。

　　个人品牌像是一个专卖店，浓缩着4种基本信息：你是独一无二的生命个体，这让你在外形上与众不同；你具有独特的能力，这让你在人群中脱颖而出；你能够创造价值，这让你得到他人的信任；你具有超强的影响力，这让你在人生道路上无往不胜。

想要打造强大的个人品牌，就要定位准确、坚持不懈，要持之以恒地在正确的道路上建立和营销自己的个人品牌。

当下是网红经济时代，想建立个人品牌的年轻人为数不少，然而，成功者却寥寥无几，因为他们对于打造自己的个人品牌，常常是无从下手。"有利的事，都被人占着；没利的事，我也不感兴趣"。这种想法代表一些想创立个人品牌却不知该如何做的年轻人的心态。

那些成功地打造了个人品牌的人展现出了自己最优秀的那一面。这最优秀的一面，其实就是核心竞争力。洛克菲勒的算术天赋、巴菲特的投资天赋、李嘉诚的让利哲学、史玉柱的勇于负责精神……这些被放大的优势恰恰构成了他们的核心竞争力。凭借这些，他们在商场上呼风唤雨。

个人品牌是事业成功的一个重要砝码，成功的个人品牌为你事业的成功起着巨大的推动作用，它将你的自信、尊严、力量、能力展示给人们。个人品牌不仅仅影响别人对你的印象，也是一种外在的辅助工具，让你对自己的言行具有更高的要求，能唤起你内在沉积的优良素质。管理学大师彼得·德鲁克说，我们应该重视自己的一言一行，重视自己置身其中的任何一个场合，抓住机会展示自己的特长和优势，因为这些都能在他人心目中深化对你的认识，形成自己独特的个人品牌。个人品牌最大的独特之处在于，它如影随形，不离我们左右，走到哪里它都能为我们的形象添砖加瓦。

在中国房地产业，潘石屹不是最有钱的，他的 SOHO 中国也不是规模最大的，但他无疑是最会吸引人眼球的。这位中国房地产界富有争议的人总是以不断的创新精神制造新的轰动效应和概念，他不喜欢安分守己，以自己的行为挑战着中国房地产业的秩序与戒律。他张扬个性，标新立异，破坏规则，前卫、时尚、新潮，喜欢作秀，他如同一个离经叛道的青年，始终处于是非和争论的旋涡，始终处于中国房地产界的潮流前线。他一次次把概念玩活，把坏事变为好事，把有利的和没利的事情都变为公关和营销手段。他甚至公开声称自己是章子怡式的娱乐人物，并准备把这种娱乐化进行到底，因为"太严肃了，太一本正经了，太装模作样了，不真实，谁看呀"？

潘石屹是北京房地产界最早玩概念的人，他推出的 SOHO 概念曾经遭到恶评，一时批者甚众。但是潘石屹却借力打力，大搞危机公关，把这些批评意见收编成一本装帧精美的书出版，即《投诉潘石屹，批判现代城》；同时，还在业界破天荒提出"无理由退房"。这下，SOHO 现代城反而变得炙手可热，好像谁不 SOHO 谁就不时尚了。

紧接着，潘石屹又邀请海内外的实力派设计师在长城边设计了十几栋别墅，取名"长城脚下的公社"。当"公社"引起媒体关注时，他却说："我不卖，我做的是建筑艺术，要供大众参考。"这就是潘石屹的个人品牌。

那么，成功的个人品牌有哪些基本特征呢？

首先是独特性：它代表某种成形的观念。

其次是相关性：它反映的观念能够与他人认为重要的物体或者感觉联系起来。

再次是一致性：人们相信，相关性和独特性是吻合的。

独特性是个人品牌的立身基础。我们都知道，所谓品牌其实是一种关系，只要具有独特性、相关性和一致性，你就可以创造并维持和其他特定个体的种种情感纽带。换句话说，如果你的行为符合这三大特征，你的个人品牌就会在你的目标受众中间得到确立。但是，在塑造个人品牌的时候，要避免一个误区，那就是将塑造个人品牌与美化自我形象相混淆。

敬业就是尊重你自己

任何一家公司都必须设法使员工敬业,没有敬业的员工,就无法给顾客提供高质量的服务,也就无法让公司在市场竞争中获胜。

简单地说,敬业就是敬重自己的工作,将工作当成自己的"天职",具体表现为忠于职守、尽职尽责、认真负责、一丝不苟、善始善终,其中糅合了具有道德意义的使命感和责任感。敬业精神也是成就个人事业的重要条件。

关于理解敬业,巴顿将军给我们以启示。一直跟随巴顿将军的参谋是这样评价他的:他敬重自己的工作,把工作当作用生命去做的事,并为此付出全身心的努力。他对工作的热爱几乎超出了个人能力的极限,他恨不得奉献所有的力量。在一生中,他多次因为政治原因或其他原因而被调职、解职甚至弃用,但他从不计较个人得失,他甚至对艾森豪威尔这样说:"只要能让我去打仗,让我仅仅指挥一个排也行。"参谋说,他是自己

第七章 心存敬畏，方能雕刻人生

见过的最敬业的军人。

工作敬业，不仅是为了企业的发展，更是为了自己的提高。敬业的员工，得到的自然也更多。

我在10年以前曾经访问过台湾地区的一家企业。这家企业是一家以促进台湾地区资讯产业发展为目标的研究开发机构，这里的从业人员主要从事计算机软件的开发工作。我在晚上8点钟走进公司的时候，发现整个大楼灯火通明，透过每间办公室的玻璃隔墙，我发现，员工们都在聚精会神地工作，似乎没有人准备下班。

我十分惊讶地问："你们这里的上下班时间是不是同其他公司不一样？"接待我们的副总说："不！完全一样，其实早该下班了。也不是因为你们来就故意表现出这样子的，他们已经习惯于把一天的目标彻底完成再离开办公室，而各自制定的目标都是满负荷的，因此，你很难看到他们在晚上9点钟以前离开办公室。""那么，是不是早上要来得迟一些呢？""不会的，来晚了会没有泊车位，反而更麻烦。"是一种什么样的精神支撑他们如此奋发呢？通过与那里的员工简单的交谈，我了解到：大概是因为从事计算机程序设计工作的人都存在一种追求完美的心态，每个人都试图把自己设计的程序改进得更加合理化，更有效率。这实际上就是一个精益求精的过程，当这个过程成为大家工作的常态时，谁也不认为每天多工作几个小时就吃亏了，反而觉得上下班高峰时段在路上塞车是最浪费时间的。

由此我们不难理解，台湾地区的计算机产业在最近的10年来为什么比较发达，并在世界上具有相当的竞争力。这在很大程度上同那里的员工们的精益求精的追求是分不开的，与他们的敬业精神分不开。这种竭尽全力追求完美的工作态度，能创造出最大的价值。

全心全意、追求完美，正是敬业精神的基础。一个人无论从事何种职业，都应该全心全意、尽职尽责，这不仅是工作的原则，也是生活的原则。

珍妮是一家公司的秘书，她的工作是整理、撰写、打印一些材料。珍妮的工作单调而乏味，很多人都是这么认为的。

但珍妮自己倒不觉得，她觉得自己的工作很好。珍妮说："检验工作的唯一标准就是你做得好不好，是否尽职尽责，不是别的。"珍妮整天做着这些工作，做久了，她就发现公司的文件中存在很多问题，甚至公司在经营运作方面也存在着不足。她把这些资料整理分类，然后分类写出建议。为此，她还查询了很多有关经营的书籍。

最后，她把打印好的分析结果和有关的证明资料一并交给了老板。老板起初并没有在意，一次偶然的机会，老板读了珍妮的这份建议，他非常吃惊：这个年轻的秘书居然有这样缜密的心思，而且她的分析有理有据、细致入微。后来，珍妮建议中的很多内容都被公司采纳了。老板很欣慰，觉得有这样的员工是公司的骄傲。

珍妮后来被老板委以重任，这完全出乎她的意料，因为她觉得一个员工尽职尽责地做好工作是天经地义的，她已养成了敬业的习惯。

在竞争如此激烈的现代社会，毫不夸张地说，一个公司的存亡取决于其全体员工的敬业程度。只有具备忠于职守的职业道德，才有可能为顾客提供优质的服务，并创造出优质的产品。一个国家能否繁荣强大，也取决于其人民是否敬业。所以说，小至个人，大至一家企业，乃至一个国家的未来发展都与敬业精神有着密不可分的关系，是否具备敬业精神将直接影响到事情的成败。

对你的工作心存敬畏

詹姆斯·H. 罗宾斯是美国著名的成功学家，是继本杰明·富兰克林、戴尔·卡耐基之后又一位敬业精神的阐释者。他说："敬业就是敬重、尊崇自己的职业。如果一个人以一种敬重、虔诚的心灵对待职业，甚至对职业有一种敬畏的态度，他就已经具有敬业精神。但是，如果他的敬畏心态没有上升到敬畏这个神圣的位置，没有上升到视自己职业为天职的高度，那么他的敬业精神就还不彻底，还没有掌握精髓。天职的观念使自己的职业具有了神圣感和使命感，也使自己的生命信仰与自己的工作联系在了一起。只有将自己的职业视为自己的生命信仰，那才真正掌握了敬业的本质。"简单地说，敬业就是敬重所从事的职业；敬业精神，就是对所从事职业精益求精、一丝不苟的尽职尽责精神。

敬业者往往信念坚定，不随意改变，很少为外界风浪所动，愿意为自己所钟情和信奉的事业献身。敬业者有自知之明，而不是自感无所不能，不是什么工作都做，什么钱都挣。敬业的前提是对自己的工作的挚爱甚至痴迷，在极端的情况下，得不到报酬，甚至倒贴钱财，也非常乐意去做。

第七章 心存敬畏，方能雕刻人生

敬畏，是人类对待事物的一种态度，它的本意是指在面对权威、庄严或崇高的事物时所产生的情绪，带有恐惧、尊敬及惊奇的感受。朱熹说过："然敬有甚物，只如畏字相似，不是块然兀坐，耳无闻目无见，全不省事之谓，只收敛身心，整齐纯一，不恁地放纵，便是敬。"用到对待工作上，"敬"者指的是对待工作严肃认真，不犯错误；"畏"者指的是对待工作谨慎小心，从不懈怠。敬畏工作，就要视工作为生命，对业务精益求精。雷锋同志说过，干一行就要爱一行、钻一行。

人们通常强调对待工作要用心、细心、耐心，鲜有人强调要有敬畏之心。在大多数人的心目中，工作无非是安身立命的一份职业，或是养家糊口的一份营生。追求层次高一点的人，有可能把工作当作是实现人生价值的一个平台，当作一种事业来经营。但如果我们是教师，我们还应该这样想：我的工作在密切维系着他人的利益、他人的生活、他人的成长甚至是他人的生命。因此我们不得不怀着敬畏之心来对待我们的工作。古人说过："凡善怕者，必身有所正，言有所规，行有所止，遇有逾规，亦不出大格。"人一旦没有敬畏之心，就会肆无忌惮、为所欲为，甚至无法无天。不懂敬畏的人是可怕的，不知道应敬畏工作的人是可悲的。

工作中无小事可言，心中应常存责任感。我听朋友讲述过这样一个日本少女的求职故事：

许多年前，一个妙龄少女来到东京帝国酒店当服务员。这是她涉世之初的第一份工作，也就是说她将从这里正式步入社会，迈出她人生的第一步。她想不到上司竟然安排她洗厕所！洗厕所，实话说没人爱干，何况她从未干过粗重的活儿，细皮嫩肉，喜爱洁净，干得了吗？洗厕所时在视觉、嗅觉及体力上她都难以承受，心理暗示的作用更使她忍受不了。当她用自己白皙细嫩的手拿着抹布伸向马桶时，胃里立马"造反"，翻江倒海，恶心得几乎呕吐，太难受了。而上司对她的工作质量要求高得骇人：必须把马桶抹洗得光洁如新！因此，她陷入困惑、苦恼之中，也哭过鼻子。这时，她面临着人生的第一步怎样走下去的抉择：是继续干下去，还是另谋职业？

关键时刻，同一个酒店的一位前辈及时地出现在她的面前，帮她摆脱了困惑、苦恼，帮她迈好这人生的第一步。他没有用空洞的理论去说教，只是亲自做样子给她看了一遍。

他一遍遍地抹洗着马桶，直到抹洗得光洁如新，然后，他居然从马桶里舀了一杯水，一饮而尽！接着，他送给她一个含蓄的、富有深意的微笑，送给她一束关注的、鼓励的目光。这已经够了，她早已激动得几乎不能自持，从身体到灵魂都在震颤。她热泪盈眶，恍然大悟，她痛下决心："就算一生洗厕所，也要做一名厕所洗得最出色的人！"从此，她成为一个全新的振奋的人，她的工作质量也达到了那位前辈的高水平，当然她也多次喝过马桶里的水，为了检验自己的自信心，为了证实自己的工作质量，也为了强化自己的敬业之心。她漂亮地迈好了人生的第一步，从此她开始了不断走向成功的人生历程。

几十年光阴一瞬而过，年轻的小女孩已是日本政府的主要官员——邮政大臣。她的名字叫野田圣子。

这就是对职业之"敬"，将自己的工作视为宗教般的神圣和伟大。敬畏工作，就是要我们不轻易地找借口，借口是失败的温床；敬畏工作，就是要我们不随意地拖延工作，拖延是一种恶习。如果对自己的工作随意地找借口，故意去拖延，可能我们连生存的机会也会失去。孔子说过："君子有三畏：畏天命，畏大人，畏圣人之言。"要我说，还要加上一"畏"，那就是"畏工作"。

每个人都需要对自己有清楚的认识，当你认为没有能力坚持敬业的习惯时，你需要时刻激励自己，以认真负责的态度，扎扎实实、一步一个脚印地对待工作，也许过一年，也许过十年，最终你也会成为一名有着敬业习惯的职业人。平时散漫马虎的年轻人，千万不能再随便下去了，你们需要下定决心，从现在开始负责任地工作，努力养成敬业的习惯。

匠心：成就卓越的力量 > > >

唤醒心中的那份执念

在我国大力提倡工匠精神的今天，"匠心"被反复提起。一说到这个词就不得不提起那些在各个行业里默默无闻的手艺人，他们用毕生精力去弘扬我国的传统手工艺。

去年，陪朋友去看一场时装秀。台上俊男靓女，走着漂亮的猫步，他们的身上穿着千姿百态、充满后现代主义气息的服饰，赢得台下阵阵掌声和摄影师频频按动快门。突然，一个老人的出现让我的精神为之一震。那是一位白发苍苍的老人，过了古稀之年，他上身赤裸，露出壮实的肌肉，虽然年事已高，走起路来却容光焕发、霸气侧漏。听主持人介绍，才知道他是著名的造型哑剧演员王德顺。

这个岁数，早该在家里颐养天年，他却在舞台上大放异彩，把青春的疆域大大向外扩展。他的经历，本身就是一段传奇。他1970年从部队复员，被分配到长春话剧院。一次偶然的机会，他发现有些场景只用动作表演，观众仍能理解。有了这个想法，他立刻付诸行动——删掉台词，只用肢体动作来呈现。同事们对他的怪异举止很不理解，在背后非议不断。

第七章 心存敬畏，方能雕刻人生

他在长春话剧院待了 15 年，逐渐形成自己的表演风格——造型哑剧，通过独特的造型推动故事情节的发展，给观众留下了深刻的印象。不过，长春话剧院的舞台实在太小，盛不下他的梦想。深思熟虑后，他做出一个惊人的举动——辞职。1985 年，王德顺正式告知话剧院领导，说自己准备去北京发展。

20 世纪 80 年代，主动辞职的人极少，人们更愿意待在有保障的体制内。这一年，王德顺 49 岁。年近半百的他，和妻子放弃宽敞的房子、安稳的工作、各种保险和退休保障，带着两个儿女来到北京，他们一家成为最早的"北漂"族。"为了让世人看到中国人创造的哑剧，我舍弃半辈子积累的东西，拎包走人。"说这番话时，王德顺眉宇间透露出自豪、坚定，没有一丁点儿懊悔。他说得没错，要是"赌输"，人生将一无所有，可他却要"赌"上这一把，否则对不住心中的那份梦想。

来到北京，一家四口只好寄居在朋友家，平日里，靠他在剧组跑龙套赚点小钱过活。这天，他得到消息，德国科隆将举办第十二届国际哑剧节，他立刻报名。初审通过后，德国大使馆将对节目进行最终审查。就在终审的前一夜，王德顺寄居的朋友家突然来了亲戚。朋友面露难色，王德顺只好带着妻儿离开。

那是个春寒料峭的夜晚，一家人漫无目的地行走在长安街上，实在走不动，就在尚未竣工的地下通道里相互依偎着过夜。第二天一早，王德顺又来到朋友家。果然，朋友的亲戚出去旅游了。刚沾到枕头，疲惫的王德顺就酣然入梦，直到下午 4 点才醒来。晚上还有剧目审查，他强打精神，把自己打扮好直奔剧场。舞台早已布置妥当，王德顺必须马上进入角色。那天，他是在半梦半醒的状态中完成了表演，但强大的精神意志让他在演出中不断赢得掌声。他正式拿到第十二届国际哑剧节的入场券，使外国人第一次在哑剧舞台上看到中国人的身影。

此后,王德顺以家庭剧团的形式开始巡回演出。一家四口分工明确,王德顺负责表演,妻子负责编剧,儿子负责报幕,女儿用钢琴伴奏。许多年间,一家人走遍神州大地,足迹还遍布欧美大陆,被观众誉为"中国的吉卜赛"。王德顺表演的哑剧不同于普通哑剧,他在表演中只穿紧身衣或一条短裤,不仅展现故事情节,还要让观众看到他的肌肉、线条和造型,欣赏人体美。这就是王德顺的造型哑剧,强调静止和雕塑感。

造型哑剧只是王德顺演艺生涯的起点。65岁那年,他开始拍电影。他完成了普通老人很难做到的事,例如为《天地英雄》学会骑马;为《功夫之王》学会英文;而在电影《重回20岁》中,为了一个骑摩托车的镜头,王德顺摔了一跤,毕竟岁数不饶人,他在难以忍受的疼痛中度过了一年。面对这次受伤,老人呵呵一笑说:"我心态还年轻着呢,愿意尝试新鲜事物,如果心态不好,人怎么能健康呢?"

收获了许多鲜花和掌声,王德顺并没有满足,依然要在哑剧舞台上展现东方人的精彩。这就是我们这个时代需要的拼搏精神。他对艺术有一份无法割舍的执念,他在用心演绎着每一段人生的精彩。相比这位耄耋老人,年轻的我们还有什么理由懒惰懈怠呢?请别辜负理想,带着自信和激情上路,哪怕路上有坎坷,有风雨,也要奋勇向前,永不停歇。

第八章

匠人笃行,匠心筑梦

匠心是不断追求的执着心。勇于追求、不断创新是推动社会发展的原动力。我们只有具备虚心、恒心、细心,才能完成真正意义上的创新,这种创新是千锤百炼后的精进,它是实现"中国梦"的力量。

匠心：成就卓越的力量 > > >

当今时代更需要匠心

互联网创业始于硅谷，通过科技改变生活的理念也是首先在美国和西欧发扬光大。"工程师文化"和"黑客精神"是许多欧美科技创业公司的标签，例如 Google 和 Facebook，它们在短时间内借助资本的力量，利用创新的商业模式，迅速成长为规模庞大的跨国商业巨头。以互联网创业为代表的"新经济"自 20 世纪末开始，伴随发达国家的制造业外包，在全球化浪潮中发挥了重要作用。

在全球化工业化的进程中，中国成为"世界工厂"，经历了近 10 年"粗放型"的经济增长，开始慢慢转型，向科技化、专业化转变。万科集团的创始人王石曾在上海发表演讲，指出中国将主导未来世界，并重新定义了"中国制造"的意义。

当下创业大潮正席卷我国，科技变革带来了"机器人""大数据"和"工业互联网"等概念，同时，我们不能忽略一点：中国无论是互联网还是传统企业普遍缺少一种东西，就是工匠精神。

人们通常认为，匠心是指手艺人对品质的精益求精，但是我个人认为，这个词的含义还包含以下3点：

第一，坚持、专注。无论外界环境如何变化，匠人对自己所做的事情，有着高度的坚守。

第二，谦恭、自省。匠人对做的事情并不吹嘘，实事求是。

第三，敬畏、入魂。匠人在工作时，将自己的"灵魂"完全融入作品之中。

"江户切子"是日本从江户时代流传至今的传统玻璃的雕刻技法，东京的尾岛先生家族三代均以此为生，其手艺传承最早可追溯到天保五年（1834年）。在被问及几十年如一日从事同样的手艺，是否已经到了很高的水平，有没有感到厌倦时，尾岛反问道："怎么会感到厌倦？还有那么多东西没有学会。"

日本匠人宗田先生曾经在天皇面前表演过手艺，可他却从未在人前提起过，为当地的宗教活动制作神像的事倒是让他津津乐道。

锻造匠人川崎先生，锻刀时旁边就是热烘烘的火焰，但是仍旧穿着整齐，他说这是"因为有双眼睛一直在注视着我，是神圣的意志"。为了防止空气中的尘埃影响刀的品质，锻刀时还要关上窗户，只留一个小小的通风口。在这样的状态下，锻造一把刀需要很长的时间。这就是日本刀的"魂"。

做不可替代的人，才是匠人的魂。把事情做到极致，精益求精，这只是匠人的最低标准。在大规模工业化生产的时代，匠人的手艺仍旧独一无二。除了精湛的手艺，机器生产无法取代匠人劳作的，是一种精神，这种精神融入了匠人的情感和意志，配合匠人的高超技艺，制作出精美的产品。这是工业流程制作的产品无法比拟的。

在雷克萨斯汽车位于日本九州的工厂，员工培训中心的展板上写着：匠人是具有创造力和指导力、受到尊敬的人。意思是说，匠人除了技艺高超，有强健的体魄和专注用心的毅力，还要能够将手艺传承下来，教给别人。

不仅物质生产领域需要工匠精神，精神产品生产领域同样需要工匠精神。现今，我国每年生产的电影、歌曲何止千计，但真正传递中国文化的作品又有多少呢？

在科技变化日新月异，工业生产和消费主义摧枯拉朽的时代，企业和创业者的匠心精神，从某种意义上讲，要比公司的利润率、估值和营收都更加重要。

德国的未来匠人培养计划

很多国家都存在失业率高的问题，青年失业的问题尤为严重；另一方面，不少行业缺少真正的匠人。欧洲央行在其《2015年度劳动力市场报告》中指出，近年来，就业市场的结构性不匹配在欧元区各国都有明显化的趋势，尤其在意大利、爱沙尼亚和爱尔兰表现得更为明显；欧元区目前有1926万人失业，政府担忧这些在经济复苏后仍然失业的工人，将会是欧洲劳动力市场长期面临的一个棘手问题。而德国的教育体制之所以得到推崇，很大程度上要归结于它解决了结构性失业的问题。

下面我们就看看德国是如何解决工人失业和企业人才缺乏这两个问题的。德国实行双元制教育，双元制教育的核心在于企业和学校一起培养学徒，根据企业的需求量身打造未来工人们应该具备的技能。德国联邦职业教育研究所（BIBB）研究员汉内洛雷·克雷斯的研究成果显示，招聘一个没经过职业培训的员工，从入职到上手需两到三年，对企业来说是一笔更大的隐形成本；相比较而言，企业一手培养起来的学徒更了解企业的产品和运作，是量身定做的人才，忠诚度也更高。

此外,学徒大部分时间在企业内实际操作,确保学习内容能与技术更新同步。例如,德国的车企巨头宝马、奔驰、大众等公司会把最新款汽车提供给学校用于教学,保证学徒学到的维修知识不会到毕业之日过时。

汉莎航空的职业教育总管汉斯·皮特·迈因霍尔德表示:"虽然培训的成本不菲,但从长期来说,雇佣学徒的性价比很高。"据官方统计,企业每年花在一个学徒身上的净成本平均为8700欧元。但迈因霍尔德表示,一个技工一辈子只服务于一家企业的情况并不少见;在经济危机期间,这些学徒出身的老员工愿意减少工时来变相减薪,企业也尽可能地保住他们的职位。"一旦经济恢复,这样的员工马上就能全力恢复生产,公司无须重新招人培训。"迈因霍尔德将双元制出身的员工视为企业最宝贵的资源之一。

学徒制在德国有着悠久的历史,从中世纪的手工作坊到工业革命时期的厂房,一直都有学徒们的身影。到了全球化时代,对学徒制的推崇又多了新的原因。国际劳工组织的经济学家厄·恩斯特表示,由于德国制造业对产品质量有极高的要求,所以许多企业不愿意将车间转移到劳动力更为廉价的国家,宁愿在本国多雇佣工人来生产所需要的核心零部件,除保证质量外,还可以防止核心技术外流,"德国劳动力市场对熟练技工的需求从未间断"。

在德国,双元制被制度化。法律规定企业在双元制中发挥主导作用,从招生到培训,从确定学徒岗位数目到设立培训计划等,基本上都由企业负责;在大企业内部还必须设有专职职教管理人员;此外,企业也是双元制的主要出资者。

目前,德国企业对双元制的认同度已非常高,并将其视为对未来的超值投资。全国约有20%的企业自愿雇用了双元制学徒。其中,超过九成的大型公司提供了学徒岗位。BIBB 调查显示，企业参与的最常见原因包括学徒可以直接适应公司的需要，在市场上找不到合适的员工及可以防止人才流失。仅 2011 年，德国企业培养学徒的总经费就为 238 亿欧元，三倍于政府在此项上的支出。从长期考虑，双元制依然是最大程度地开发人力资源的最佳选择，它直通就业市场。虽然双元制是企业主导，但德国联邦政府也扮演了不可或缺的角色。对于政府来说，双元制的首要目标在于帮助年轻人融入就业市场，这关乎一个国家的社会稳定，各方都应负起责任。《联邦职业教育法》规定，政府、商会、工会及研究机构都必须提供信息，各方互动推进有关双元制教育的决策。

在每年的总结报告中，企业都会向工会和政府反馈招聘需求，联邦就业局会因应信息做出下一年的职位空缺预测。教育部门是协调各方的总指挥，每年都会召集劳资双方、教师代表和 BIBB 进行研讨，决定新增、废除或变更某些职业，尽量做到职业设置与市场同步。为了快速适应劳动力市场的变化，从调研到执行，通常只有 9 个月左右。

双元制职业设置不仅全面，还有非常细致的分别，如烤面包与制作糕点分属不同专业，对保险推销员和百货商店推销员有不同的教学要求。但这也让年轻人在如此复杂的分类面前感到困惑，难以取舍。因此自 19 世纪以来，为年轻人提供职业规划咨询就是政府劳动部门的法定义务。目前，德国联邦就业局每年为约 200 万学生提供建议；教育部门和学校会组织学生到各类型的企业参加讲座或者实习；一些青年社团和非政府组织也加入进来，为学生提供模拟职场体验，帮他们从中挖掘最适合自己的工作。去年有超过八成的学徒表示，自己进入了满意的行业。

在双元制的学习过程中，学徒对行业动态有一定的了解，可根据市场需求调整自己的就业方向。汽车维修学徒可以在毕业后从事喷漆工、服务机械工、机电一体工的工作，在积累了工作经验后，可以继续深造，擢升为师傅、商务人员等。行业技师证是各行业最高等级的职业称号，它不仅是技能的证明，在一些行业里还是资历与声望的象征，一位师傅甚至能获得比工程师更高的收入和尊重。

<<< 第八章 匠人笃行，匠心筑梦

匠人掌握"核心科技"

2015年2月，全球著名财经出版物《福布斯》杂志发布了"2015年亚洲商界权势女性50位"榜单。我国共有8位女性企业家上榜，其中格力电器董事长董明珠的排名最高，位居榜单第4位。

董明珠是靠什么竞胜群芳的？靠的是工业精神。格力的12字管理方针"公平公正、公开透明、公私分明"，恰如其分地总结了这种工业精神。"公平公正"强调良好的市场环境，"公开透明"强调技术创新，而"公私分明"则强调管理艺术。

多年来，董明珠靠着这种工业精神不断进行科技创新，最终将格力空调打造成世界名牌，并通过格力的优质产品重塑中国制造的声誉。格力电器靠着自己的实力，纵横驰骋家电市场，征服全世界的消费者。从1赫兹变频节能空调到不用电的光伏中央空调，再到无缝隙的全能王空调，还有真正的智能家居，这些产品和工程项目都兑现了"格力掌握核心技术"的诺言。

格力的营销目标是让全世界的人都信赖格力空调，这种信赖来源于格力质量完美的产品、优异的售后服务和精细化的企业制度。董明珠始终认为，真正的竞争对手是自己，因为格力已经成为空调业的领导者，惟有不断挑战自己、持续创新，才能一直占据行业制高点。

多年来，董明珠带领格力实现了两个跨越：一是从"中国制造"到"中国创造"的跨越，成功打造了格力这一世界性品牌；二是从"中国创造"到"中国智造"的跨越，开启了真正的智能家居时代，并以格力太阳能光伏空调作为该系统工程的核心。

在国家工业4.0版本（《中国制造2025》规划）出台后，董明珠带领格力不断谋求转型变革，以"创新驱动、质量为先、绿色发展、结构优化、人才为本"为基本方针，将格力梦和中国梦有机结合起来。

多年来，董明珠已经把格力的命运和国家的发展联系在一起，正是格力"用科技改变生活"的伟大愿望的来源。格力电器之所以能在短时间内赶超由日本垄断的空调技术，不是靠个人天赋和突发灵感，而是靠一套强效的自主创新体系，这个体系对人才培养、对产品标准都做出了明确的要求。董明珠说："格力电器自主创新体系最大的特点，就是把公司的普通员工培养成技术工人。在格力电器，人才有三个体系：一个是管理体系，一个是技术研发体系，还有一个就是技术工人的培养和发展体系。"

在格力做研发不靠论资排辈，不靠名校学历，全靠研发出来的产品论英雄。普通技术型员工最高可以做到副总工程师、总工程师这样的级别，也可以成为某一领域的工艺技术专家。

为了员工的长远职业发展，格力电器还投入巨资筹办格力职业学院，自主培养人才，活学活用。董明珠说："我们一直坚持自主培养人才，这比引进人才重要得多。我的愿望是将每个人都培养成技术性人才，留在格力有用武之地；即使离开格力，也能掌握一技之长。这对于人的一生都是有益的。"

格力电器对于员工的成长不设限,对于产品的研发标准也不设限。激励员工无限成长、专业化研发永无止境,这就是格力电器创新体系所要达到的目标。

在技术研发的投入上,格力电器也是狠下血本。仅在2011年,格力电器就在技术研发上投入了30多亿元。现在格力电器拥有专利超过6000项,其中发明专利1300多项,是中国空调行业中拥有专利技术最多的企业,也是惟一不受制于外国技术的企业。

"三十年河东,三十年河西",原先由日本企业垄断的世界领先空调技术,已经悄然转移到格力电器的手中。在众多空调品牌中,格力电器已经超越日本大金公司,成为"世界空调NO.1"。

比成功更重要的是使命感

很多人之所以碌碌无为,并非是因为才智不足或是生不逢时,恰恰是因为缺乏把工作当成使命、信仰和毕生追求的理想之火的心态,从而整个职业生涯也黯淡无光。对我们每个人来说,想要成就一番事业,想要攀登到自己行业的制高点甚至成为一座丰碑,唯有把工作当成使命,当成信仰,穷其一生去追求。

现如今有这么一种说法,工作态度可以分为3种:一种是为了完成使命;另一种是为了能够活命;还有一种是只是不得不认命。

把工作当成养家糊口的手段,或者没有办法的认命之举,其实都是怀着"当一天和尚撞一天钟"的心态干工作,能应付则应付,能推脱则推脱。只有把工作当成使命的人,才能始终对工作充满激情、充满感情,才能潜心谋事、一心干事、全心成事。

我们可以从3个层面理解工作的意义:一是替老板打工,可以赚钱养家;二是职业发展的过程,可以造就自己的专业才能;三是自我发展与完善的平台,可以体现个人的社会价值。

对工作有什么样的理解，就会有什么样的态度，相应就会有什么样的结果。如果以雇佣的眼光、打工的心态来对待工作，以赚钱为目的来定义工作，那就是最低级的工作观。这样的人没有更高的目标，失去了上进的动力，不会对技艺精益求精，整天斤斤计较于自己的付出，也会使同事关系日益紧张，自己的天地日益狭隘。

美国著名的成功学家卡耐基说："对待我们的职业，如果将自己置于被动的、被剥削的地位，注定是职场中的剩余者，永远没有归属感，没有方向没有根，永远是职场中的漂泊者。如果你不注重工作中的人际关系，将每一位同事都看作你的竞争对手，你就会想方设法将他们一一打压。长此以往，同事们对你避之唯恐不及。结果，你就没有朋友，只有敌人，你就成了职场中被孤立的那一个。如果你只注重工作中的利益得失，只要付出就想得到，没有回馈就绝不多付出一分辛苦，付出了得不到就会抱怨，你就会形成斤斤计较的性格。"只有具有提高自身职业技能的追求目标，把工作看作提高自身业务素质的平台，在思想上有所提高，才比较愿意吃苦，甚至主动吃亏，这样的人几经磨练后会成为行业里的专业人士。

只有把工作当作使命去完成，我们才能够激发自己最大的潜能。倘若只是把工作当作一个养家糊口的营生，那么肯定不会为了工作而倾情投入，甚至有时候会毫不犹豫地放松对自己的要求，自然也就不可能知道自己究竟有多大潜力。唯有把工作当成使命，我们才能够倾其所有，以强大的内驱力努力做好工作，实现自我价值，发现原来自己也可以如此优秀。

只有把工作当作信仰去热爱，我们才能够真正从工作中收获快乐，并让这种快乐成为我们继续努力工作的动力，形成良性循环。如果我们认为自己之所以工作是生活所迫，不得已而为之，那么肯定难以从工作中收获快乐，毕竟工作都是辛苦的，自然也就少了一些努力工作的动力。只有当我们认为工作本身就能给我们带来快乐时，再多的辛苦、艰难也无法阻止我们前进的脚步。

一个人有了追求和目标，也就有了行动的动力。如果工作对于我们来说不过是为了挣钱，又如果这笔钱恰巧能够满足我们的生活，我们就很容易安于现状，工作起来没有劲头。将工作当作毕生的追求，才能有源源不断的内在动力，让一次次进步和成绩来满足我们的心理需要，才能承续工匠精神，成为企业需要的优秀的员工。

以事业的高度来看待工作，全身心投入工作的人，能在专业上得到快速成长；时时处处替公司着想的人，会得到领导的赏识；心胸开阔能够吃亏的人，能受到同事的欢迎和喜爱。要想成为卓越的员工，就要像优秀的工匠那样，把工作当作一生的追求和信仰，执着努力，坚持到底。

展望工业4.0时代的工匠精神

从历史来看，全球化已经经历了三波浪潮，分别是全球化1.0即大航海时代、全球化2.0即英国和英镑时代、全球化3.0即美国和美元时代。

在升级了的全球化4.0版本中，中国必然会有全新的对外利益交换格局和策略。以贸易加深跨国经济联系，以投资输出产能和资本，并在这两个过程中嫁接人民币国际化战略，最终中国经济的影响力会伴随着人民币的国际化而提升。

2016年3月5日，国务院总理李克强在政府工作报告中提到，鼓励企业开展个性化定制、柔性化生产，培育精益求精的工匠精神，增品种、提品质、创品牌。"工匠精神"首次出现在政府工作报告中，让人耳目一新。

总理为何要强调工匠精神？因为这是我们欠缺的。李克强总理参加一个有关钢铁煤炭行业产能过剩的座谈会时，举例说中国至今不能生产模具钢，例如圆珠笔的圆珠仍需要进口。1895年，圆珠笔就已经发明出来了，中国高铁、大飞机都造得出来，圆珠笔的圆珠竟然还不能生产！如果不是总理说出来，估计很多人还不知道。

很多人认为工匠是机械重复的工作者，其实这个词有着更深远的意义，它代表一个时代的气质：坚定、踏实、精益求精。工匠不一定都能成为企业家，但大多数成功企业家的身上都或多或少地闪现着工匠精神的光辉。

工匠精神可以从瑞士制表匠的例子上一窥究竟。瑞士制表商对每块手表的每个零件、每道工序都精心打磨、专心雕琢，他们用心制造产品的态度就是工匠精神的思维和理念。在工匠们的眼里，只有对质量的精益求精、对制造的一丝不苟、对完美的孜孜追求，除此之外，没有其他。正是凭着这种凝神专一的工匠精神，瑞士手表得以誉满天下、畅销世界。

工匠精神不是瑞士的专利，不是日本式管理。用精益求精的态度，把一种热爱工作的精神代代相传，其实就是工匠精神。

拥有工匠精神、推崇工匠精神的国家和民族，必然会少一些浮躁，多一些纯粹；少一些投机取巧，多一些脚踏实地；少一些急功近利，多一些专注持久；少一些粗制滥造，多一些优品精品。

上海飞机制造有限公司的高级技师、数控机加车间钳工组组长，人称"航空手艺人"的胡双钱说，经济学原理告诉我们，无论技术发展到什么水平，都离不开人这一最核心的生产要素，即便是制造工艺水平非常发达的波音公司和空客公司，也需要靠一些技能水平相当高的人员从事手工劳动。

为长征火箭焊接发动机的国家高级技师高凤林认为，机器是人能力的延伸，只能按照程序重复运作，但人能够不断实现改造和创新，这是机器永远无法代替的。"科学家脑中产生想法，工程师图纸施工实现工程化，工匠制造出产品"，三者缺一不可。

在当前及可见的不远的未来，传统制造业依然是中国制造业的主体，因此，倡导工匠精神尤为重要。工匠是广义的，不只限定于手工艺匠人，在掌握先进技术方面，同样需要工匠精神。工匠精神的培养需要高校和企业两个层面的努力，而现在高校教育缺乏实验性、动手性，应该多进行一些实用性的教育。此外，培养全面的工匠精神，意味着不仅要培养良好的工作能力和认真的工作态度，还要进行职业道德教育。

匠心：成就卓越的力量 > > >

匠人是这个时代的脊梁

在资源日渐匮乏的时代，重拾匠心，重塑匠魂，是助推"中国制造"向"优质制造"转型的先决条件。

2016年，中央电视台播出的纪录片《大国工匠》讲述的是普通职工在平凡的岗位上做出不平凡业绩，是让人敬畏和感动的"德技双馨"的真人真事，没有半点夸张。

这些平凡岗位上的劳动者，有老一辈劳模，也有当今的高科技建设者，这些可歌可泣的人物，不仅在平凡的工作中，更在精彩的艺术画面中，通过电视纪录片这个载体，让我们共同感受到了通过劳动改变国家和民族命运的一个个历程。

有的人能在牛皮纸一样薄的钢板上焊接而不出现一点漏点，能将密封精度控制到头发丝的五十分之一，这不是神话故事里的神奇力量，而是中国航天科技集团一院火箭总装厂高级技师高凤林身上最普通的工作经验。他是发动机焊接的第一人。0.16毫米，是火箭发动机上一个焊点的宽度；0.1秒，是完成焊接允许的时间误差，如此高难度的焊接技术，不管反复看几次，都不禁感叹这究竟是技能还是艺术。技术与艺术、精神与工作，就在这样的岁月里刻成了极致。

《大国工匠》中的匠人是奋斗在生产第一线的杰出劳动者的代表，他们以聪明才智、敬业勤勉书写着一线劳动者的不平凡，为我们的时代和社会做出突出的贡献。

五千年华夏文明，中国的传统文化精髓讲究的也是工匠精神。我国历史上曾出现大量卓越的工匠，如善于解牛的庖丁、精于木工的鲁班等。当技艺到达了一定的境界，就能够增强精神的意志，达到技艺与精神更高层次的配合。

产品质量是决定企业命运的关键。在资源日渐匮乏的时代，重塑匠心是制造业生存、发展的惟一出路。时代在呼唤工匠精神回归，人们渴望由工匠精神打造出来的产品。